Die Zukunft gehört den Mutigen.

»Wir sind verantwortlich für das, was wir tun, aber auch für das, was wir nicht tun.«

Voltaire

MARCUS KLÖCKNER
JENS WERNICKE

»MÖGE DIE GESAMTE REPUBLIK MIT DEM FINGER AUF SIE ZEIGEN.«*

DAS CORONA-UNRECHT UND SEINE *TÄTER

RUBIKON

Die Deutsche Nationalbibliothek verzeichnet diese Publikation in der Deutschen Nationalbibliografie; detaillierte bibliografische Daten sind im Internet über dnb.d-nb.de abrufbar.

ISBN 978-3-96789-034-1

1. Auflage 2022 © Rubikon-Betriebsgesellschaft mbH, München 2022

Lektorat: Susanne George

Konzept und Gestaltung: Buchgut, Berlin

Druck und Bindung: CPI – Clausen & Bosse, Leck

Printed in Germany

MIX
Papier | Fördert gute Waldnutzung
FSC® C083411

INHALT

ZU DEN BEGRIFFLICHKEITEN

FRANZ RUPPERT

»Zum Trauma-Täter wird jemand durch eine Tat, die einem anderen Menschen einen traumatisierenden Schaden zufügt. Dies kann auf der psychischen Ebene geschehen durch Lüge, Betrug, Demütigung, Beschämung, Entwürdigung und Erniedrigung. Auf der materiellen Ebene sind es vor allem Diebstahl und Raub, auf der körperlichen Ebene physische Gewalt, Totschlag oder Mord. Auch wer ›nur‹ in eine Wohnung einbricht, kann deren Besitzer einen traumatisierenden Schaden zufügen. Die eigene Wohnung ist für einen Menschen sein sicherer Ort. Wenn dieses Sicherheitsgefühl verloren geht, hat das gravierende psychische Langzeitfolgen, selbst wenn eine Versicherung den materiellen Schaden ausgleicht. Auch durch das Unterlassen von Taten, wie die Verweigerung von Nahrung, Hilfe, Fürsorge, Kontakt oder Schutz vor Gewalt, kann Trauma-Täterschaft entstehen. [...]

Es kann sein, dass Trauma-Täter keinerlei Grenzen respektieren, weder rechtliche noch moralische. Daher kommt es, dass Trauma-Täter Dinge tun, die dem gesunden Menschenverstand völlig fremd erscheinen. [...] Falls ihre schlimmen Taten nicht zu verleugnen sind, ist es das Hauptziel von Trauma-Tätern, sich als unschuldig darzustellen. Dazu ist es am besten, die Täter-Opfer-Umkehr zu versuchen, das heißt sich selbst als das eigentliche Opfer darzustellen, Lügen über die Opfer zu verbreiten, sie zu beschuldigen und zu beschämen [...]. So werden die Opfer als die eigentlichen Täter bezichtigt, an den Pranger gestellt und blamiert. Die eigenen schlimmen Absichten werden in die Opfer hineinprojiziert [..]. Opfer, die sich gegen Gewalt wehren, werden als besonders böse und hinterhältig hingestellt. Sie müssen erst recht mit aller Härte bestraft werden. [...]

Wie die Opfer-Haltungen so radikalisieren sich auch die Täter-Haltungen mit der Zeit immer mehr. Sie gebärden sich, als seien sie völlig angstfrei und nichts und niemand könne sie mehr aufhalten. Gelingt es Trauma-Tätern, sich selbst und andere von ihrer Täter-Ideologie zu überzeugen, so können sie sich erlauben, ihre Taten immer weniger zu verschleiern und gänzlich sinn- und ziellos oder flächendeckend Gewalt auszuagieren.«

aus: *Wer bin ich in einer traumatisierten Gesellschaft? Wie Täter-Opfer-Dynamiken unser Leben bestimmen und wie wir uns daraus befreien*

Franz Ruppert ist Professor für Psychologie mit Arbeitsschwerpunkt Psychotraumatologie und in eigener Praxis in München tätig. Seit 1994 veranstaltet er weltweit therapeutische Workshops und hält Vorträge zu der von ihm begründeten Identitätsorientierten Psychotraumatherapie (IoPT). Seine Bücher wurden in zahlreiche Sprachen übersetzt.

ANGRIFF AUF DIE MENSCHENRECHTE

ULRIKE GUÉROT

»Der größte Lump im ganzen Land, ist und bleibt der Denunziant.«

Hoffmann von Fallersleben

Ein Vorwort, gleichsam den Auftakt, die Ouvertüre für ein Buch zu schreiben ist immer eine besondere Herausforderung, in diesem Fall aber ganz besonders.

Denn zum einen bin ich mit dem einen Autor dieses Buches, Marcus Klöckner, befreundet; zum anderen werde auch ich in diesem Buch als Betroffene zitiert, ich bin also befangen. Und zum dritten gilt es, eine absolute Ausnahmesituation der deutschen Gesellschaft zu beleuchten, nämlich die Corona-Zeit und die unerträgliche gruppenspezifische Ausgrenzung, nämlich der Ungeimpften, die während ihr stattgefunden hat.

Corona war wohl für alle Menschen in vielerlei Hinsicht eine Zäsur, alle haben wahrscheinlich Einschränkungen, Schwierigkeiten oder auch Krisen und Leid in ihrem persönlichen Leben hinnehmen müssen. Aber wirklich und zum Teil existenziell betroffen waren diejenigen, die sich nicht impfen lassen wollten und die gegen die Maßnahmen demonstriert haben. Sie wurden, wie hier in diesem Buch detailliert beschrieben wird, ausgegrenzt, beschimpft, öffentlich stigmatisiert und denunziert in einem noch nie dagewesenen Umfang, sie waren struktureller Gewalt ausgesetzt, wie sie bis dato in diesem Ausmaß in der Bundesrepublik unbekannt war. Sie haben zum Teil ihre Arbeit und mithin ihre Existenz verloren, mussten ihre Künstler-, Sänger- oder Pianistenkarriere beenden, wurden als Schauspieler von Bühnen und Sets ausgeschlossen oder ganz einfach herausgeschmissen, wenn sie eh zu den Unterprivilegierten gehörten, etwa die nicht geimpften Pflegekräfte, die, wie die *Berliner Zeitung* während dieses Zeitraums titelte, »wie Hunde vom Hof gejagt« wurden.[1]

Ich persönlich hätte mir nie vorstellen können, dass Derartiges in der Bundesrepublik Deutschland passieren kann, und das nur wenige Monate nachdem 2019 noch pompös 70 Jahre Grundgesetz gefeiert wurden. Sind wir nicht das Land von »Wehret den Anfängen«? Haben wir nicht – wie kein anderes Land – eine gut finanzierte Bundeszentrale für politische Bildung? Wurde hierzulande nicht die politische Bildung hochgehalten wie kaum woanders? Man hätte also erwarten können, dass die Kenntnis des Grundgesetzes gleichsam allen deutschen Bürgern in Fleisch und Blut übergegangen ist, so wie Christen das Vaterunser. Doch scheinbar nur als Lippenbekenntnis, denn als es ernst wurde, als es erstmalig galt, eine große gesellschaftliche Krise *mit* dem Grundgesetz zu meistern, ja, sich gerade in der Krisenzeit an Recht und Gesetz zu halten, wurden wir stattdessen regiert von »Not-kennt-kein-Gebot«, auf Zuruf des RKI gewissermaßen. Das alles wurde dann auch noch vom obersten Verfassungsgericht sanktioniert, anstatt dass sich Karlsruhe vor seine gleichermaßen entmündigten und entrechteten Bürger gestellt hätte.

Der erste Artikel des Grundgesetzes lautet: »Die Würde des Menschen ist unantastbar.« Genau diese Menschenwürde aber wurde in der Corona-Krise – und zwar auf staatliche Anordnung! – in unerträglicher Weise verletzt. Alte, die aus Einsamkeit in Krankenhäusern starben, Frauen, die in zu engen Wohnungen von ihren Männern verprügelt und vergewaltigt wurden, Schulkinder, die man in der Pause im Schachbrettmuster auf dem Schulhof im Freien mit Maske vor dem Mund bewegungslos stehen ließ. Es waren grausame

Bilder, die man sehen konnte, wenn man achtsam war, während die mediale Berichterstattung sich buchstäblich in einen Impfrausch hineinbewegte.

Neben der Würde wurde vor allem Artikel 2 des Grundgesetzes, nämlich das Recht auf körperliche Unversehrtheit, mit Füßen getreten, obgleich in der historischen Genese des Grundgesetzes gerade Artikel 2 wohl die unmittelbarste Lehre aus den menschenverachtenden medizinischen Versuchen der Nationalsozialisten gewesen ist. Der eigene Körper ist die absolute Grenze von Würde und Persönlichkeit, niemand hat das Recht, auf den Körper anderer zuzugreifen, zu welchen Zwecken auch immer. Artikel 2 GG fängt auch nicht beim Impfen an. Als jemand, der hundertfach PCR-Tests über sich hat ergehen lassen müssen, kann ich nur sagen, dass auch schon das Bohren mit langen Stäbchen in der Nase, sodass einem fast das Hirn durchstoßen wurde, ein inakzeptabler Eingriff in die körperliche Unversehrtheit und dazu ein Verstoß gegen die Menschenwürde war, weil die Geste allein etwas kolossal Demütigendes hatte.

Dies alles geschah über lange Monate, geduldet, ja befeuert von großen Teilen der Öffentlichkeit, die über systematische Propaganda mit Blick auf das Virus und die Impfung in einen Panikmodus hineinversetzt worden war. Zum heutigen Zeitpunkt ist praktisch erwiesen, dass nichts von dem, was offiziell zu Corona erzählt wurde, evidenzbasiert war: Die Impfung hat keine »Herdenimmunität« gesichert, weder vor schweren Verläufen noch vor dem Tod geschützt, sie war, wie heute immer mehr klar wird, bei Weitem nicht nebenwirkungsfrei. An den klinischen Studien, die die Effizienz der Impfung beweisen sollten, wurde gepfuscht, was das Zeug hält, wurden *Compliance*-Regeln durchbrochen und methodische Standards – zum Beispiel mit Blick auf die Größe der Probandengruppe – systematisch verletzt. Wer das moniert und kritisiert hat, wer Vernunft angemahnt und *geradeaus* gedacht hat, war auf einmal ein *Quer*denker.

Inzwischen hat der Evaluierungsbericht der Bundesregierung offengelegt, dass die Wirksamkeit der Corona-Maßnahmen von Masken über Lockdown bis hin zur Impfung nicht belegt werden kann. Ein öffentlicher Aufschrei über diesen ungeheuerlichen Sachverhalt, für den die Politik geradestehen müsste, ja allein eine breite gesellschaftliche Diskussion darüber sind bisher ausgeblieben. In großem Stil hat also eine panikgetriebene politische Mehrheit das Grundgesetz verformt und entkernt, und zwar ohne *Grund* und ohne *Minderheitenschutz*. Und kaum etwas passiert, kaum etwas wird diskutiert ...

Komplizierter wird das alles jetzt noch dadurch, dass viele, die der staatlichen Politik vertraut haben und sich haben impfen lassen, in noch nicht angemessen erfasster und zudem tabuierter Zahl an teilweise schweren Impffolgen leiden oder sogar gestorben sind. Mehr und mehr wird klar, dass die Impffolgen ebenso wie die gesundheitlichen Folgen der Corona-Maßnahmen an sich (Suizid, Depression, Essstörungen und vieles andere mehr) kolossal unterschätzt wurden. Auch hier erfahren die Betroffenen beziehungsweise ihre Angehörigen keine Solidarität von der Gesellschaft. Denn was nicht sein kann, das nicht sein darf. Noch hat die Politik sich zu keinem angemessenen Schuldeingeständnis durchringen können, noch bemühen sich staatliche Behörden mehr um Vertuschung als um Aufklärung der Impffolgen oder überhaupt um systematische Erfassung, noch ist kein staatlicher Fonds für Impfopfer eingerichtet.

Wie wir als Gesellschaft aus dieser kolossalen Tragödie, in der auf der einen wie auf der anderen Seite unbezifferter Schaden entstanden ist, friedlich und durch Aufarbeitung des vielfachen Leids herausfinden wollen, ist noch nicht ausgemacht. Es scheint noch nicht einmal ein von einer großen Mehrheit getragenes Bedürfnis, geschweige denn Bemühen zu geben, sich dieser Aufgabe stellen zu wollen. Spricht man darüber im Bekanntenkreis, so sehen die meisten keine Notwendigkeit, ja, sie sehen nicht einmal das Problem, sie anerkennen weder die Langzeitschädigungen der Ausgegrenzten noch die der Impfopfer. Niemand will etwas davon hören. Eine große schweigende Mehrheit setzt derzeit auf Verdrängung. Verdrängung aber nistet sich in jedem Körper, auch in einer Gesellschaft, ein wie ein Krebsgeschwür. Es ist darum dringend nötig, die Geschehnisse der letzten drei Jahre aufzuarbeiten, einen parlamentarischen Untersuchungsausschuss einzurichten, die Verantwortlichen zu bestrafen, die Ausgegrenzten zu rehabilitieren und die Opfer zu entschädigen.

So wurde das bisher bei jedem großem Verbrechen gemacht, und die Corona-Politik war und ist ein großes Verbrechen an der Menschheit und an der Menschlichkeit. In einer Demokratie gehört das aufgeklärt, damit das gesellschaftliche Krebsgeschwür nicht dazu führt, dass die Gesellschaft und die Demokratie von innen zerfressen werden. Der Tumor des Corona-Unrechts, um im Bild zu bleiben, muss entfernt werden. Noch ist Zeit dazu, sich dieser Diskussion zu stellen. Dieses Buch ist ein Anfang dafür, denn es dokumentiert das Ausmaß der gesellschaftlichen und demokratischen Entgleisung. Möge es nie wieder passieren!

Ulrike Guérot studierte Politikwissenschaft, Geschichte und Philosophie in Bonn, Münster und Paris. Sie ist Professorin, Autorin und Aktivistin zum Themenbereich Europa und Demokratie. 2014 gründete sie das European Democracy Lab e.V., eine Denkfabrik zum Neudenken von Europa. Ihr Buch *Warum Europa eine Republik werden muss* wurde europaweit zum Bestseller. Zuletzt erschien von ihr *Wer schweigt, stimmt zu.*

1 Zitiert nach: https://www.berliner-zeitung.de/politik-gesellschaft/impfpflicht-fuer-pfleger-wie-hunde-vom-hof-gejagt-li.203561

EINLEITUNG

Darf man eigentlich im Jahr 2022 noch die Frage stellen, inwieweit die deutsche Gesellschaft entnazifiziert ist? Nun, diejenigen, die aus der Geschichte gelernt und begriffen haben, was Faschismus ist, wie er entsteht und wohin er führt, stellen diese Frage, wann immer sie es für angebracht und notwendig halten – und sie werden sich nicht den Mund verbieten lassen. Schon gar nicht von jenen, die in Sonntagsreden in mächtigen Worten den Faschismus verurteilen, während sie zugleich, wenn die Umstände es zulassen, die Grund- und Menschenrechte mit Füßen treten.

In der Corona-Krise haben Politiker, Journalisten, Wissenschaftler, aber auch Bürger aus unserer Mitte die Werte unseres Grundgesetzes verraten. Unter der Maske des um das »Volkswohl« Besorgten kam bei manchen eine Fratze zum Vorschein, die jedem wahren Demokraten das Blut in den Adern gefrieren lassen musste. Manche haben sich unseres Erachtens wie »Nazis« verhalten. Wir wir das meinen, dazu gleich mehr.

Zunächst: Bei allem Verständnis für die Zwänge einer Politik, die in Anbetracht eines sich ausbreitenden Virus handeln musste, und bei allem Verständnis für persönliche Ängste vor SARS-CoV-2: Nichts rechtfertigt die Vergewaltigung unserer Verfassung.

In diesem Buch wird viel von Ungeimpften und Kritikern der Corona-Maßnahmen die Rede sein, gegen die sich Politik und führende Persönlichkeiten in der Pandemiezeit gestellt haben. Allerdings hat die repressive Pandemiepolitik allen Bürgern zugesetzt. Alle Bürger waren einem Totalitarismus ausgesetzt, der sich über jedes gesunde Maß hinaus seinen Weg gebahnt hat – selbst bis in die Wohnungen der Bürger. Alle mussten sich Maßnahmen unterordnen, die nichts mehr mit dem Geist einer freiheitlich-demokratischen

Grundordnung zu tun hatten. Das berühmte »Augenmaß« ging völlig verloren. Auch die Impfwilligen haben unter einer Politik der Grundrechtsschande gelitten. Selbst ihnen wurden noch eine ganze Weile, obwohl sie geimpft waren, Grundrechte verwehrt. Aktuell, im Herbst 2022, laufen bei Millionen von Bürgern die Impfzertifikate ab. So wie es Kritiker schon früh gesagt haben, ist es gekommen: Die Impfung ist zum Dauerzustand geworden. Die Geimpften von heute sind die Ungeimpften von morgen. Jeder bisher Impfwillige wird immer wieder dem Druck ausgesetzt, sich erneut spritzen zu lassen. Die Freiheiten und die Grundrechte, über die er derzeit verfügen kann, können ihm, je nach »Pandemiegeschehen« und politischen Entscheidungen, jederzeit auch wieder entzogen werden.

Auch wenn sich das Anti-Demokratische gegen alle Bürger richtet, so war es geradezu logisch, dass jene, die der repressiven Politik entgegentraten, noch härter angegangen wurden als der Teil der Bürger, der sich mit den Maßnahmen arrangiert hat oder ihnen gar mit eifriger Zustimmung begegnet ist. Der Umgang mit Bürgern, die es wagten, das Wort »Grundrechte« auf der Straße auszusprechen, hatte etwas von einer Menschenjagd. Ebenso erging es Ungeimpften. Man hat gegen Ungeimpfte gehetzt, sie regelrecht bedroht. Ungeimpfte mussten in Angst leben. Sie mussten Angst um ihre Arbeit haben und damit Angst um ihre ökonomische Existenz. Und – da gibt es nichts zu beschönigen – sie mussten sogar Angst um ihre Gesundheit und damit um ihr Leben haben. Was würde eine Impfpflicht für sie bedeuten? Würden sie sich unter dem Zwang doch impfen lassen und damit das Risiko eingehen, ihre Gesundheit aufgrund der Impfnebenwirkungen zu schädigen? Das waren Gedanken, mit denen sie sich auseinanderzusetzen hatten. Die Ungeimpften waren in ihrem eigenen Land einer existenziellen Bedrohung ausgesetzt. Auch deshalb, weil Politiker und Wissenschaftler, ohne mit der Wimper zu zucken, die Impfpflicht forderten. Auch deshalb, weil Arbeitskollegen und andere Menschen in ihrer Umgebung sich mitunter aufführten, als wollten sie sich für die Position eines

Lagerkommandanten bemerkbar machen. Normale Bürger und bekannte Persönlichkeiten verhielten sich oft völlig verständnis- und empathielos gegenüber den Ungeimpften – bis hin zur verdeckten und offenen Aggression. Nicht wenige schienen regelrecht Freude daran zu haben, Ungeimpften ebenso wie Maßnahmenkritikern mit dem Gestus des Autoritären entgegenzutreten. Auch wenn keine allgemeine Impfpflicht durchgesetzt wurde, haben sich Ungeimpfte aufgrund der Übergriffigkeit ihrer Mitmenschen entgegen ihrer Überzeugung impfen lassen. Allein die psychischen Schäden sind beträchtlich.

Der Philosoph Michael Andrick, einer der wohl klügsten Denker im Land, fragte im August 2022 in einem Artikel in *Der Freitag*: »Hat unser Staat totalitäre Tendenzen?«[1] Nach Andricks Worten hat die Bundesrepublik »im Verlauf der Coronapolitik-Krise [...] ihre Fähigkeit zu punktuell totalitärem Handeln unter Beweis gestellt [...] und die allermeisten Staatsdiener haben bei der Umsetzung fraglose Folgsamkeit demonstriert: Massenweiser Protest in Amtsstuben und an Schulen war nicht zu beobachten.« Dieser Erkenntnis schließe ich mich voll und ganz an.

ES GIBT DA EIN PAAR SEHR UNANGENEHME »DINGE«, ÜBER DIE ZU REDEN IST

Nachdem wir erlebt haben, wie in der Pandemie Ungeimpfte und Kritiker der Corona-Maßnahmen ausgegrenzt, abgewertet, diffamiert und bedroht wurden, gibt es ein paar sehr unangenehme »Dinge«, über die es zu reden gilt. Dazu gehört, dass die zu Beginn der Einleitung aufgeworfene Frage nach der »Entnazifizierung«, so verstörend oder abwegig sie auf den ein oder anderen wirken mag, nicht nur gestellt werden *darf*, sondern gestellt werden *muss*. Zumindest dann, wenn der Begriff »Nazi« nicht im engen historischen Sinne als Anhänger des Nationalsozialismus beziehungsweise des Hitlerfaschismus verstanden wird. Der Volksmund, der sich oft wenig um Konventionen und Befindlichkeiten schert, gebraucht den Begriff »Nazi« ziemlich schnell auch dann, wenn ein Bürger sich gegenüber seinen Mitmenschen besonders autoritär verhält. Verhaltensweisen, wie das Anschwärzen von Nachbarn (oft aufgrund von Geringfügigkeiten), das starre, mitunter auch unmenschliche Umsetzen von Regeln, aber auch eine auf Boshaftigkeit beruhende Ausgrenzung und Abwertung von Menschen waren in der Gesellschaft im Dritten Reich weitverbreitet. Wenn der Volksmund aufgrund solcher oder ähnlicher Verhaltensweisen zum Beispiel von seinem »Nachbarn, dem alten Nazi!« spricht, dann hat er oft intuitiv etwas sehr Wichtiges verstanden. Der Volksmund, der heutzutage »Nazi« sagt, hat begriffen, dass es viel zu einfach wäre, den Nazi erst dann als Nazi zu bezeichnen, wenn er mit Uniform und irgendwelchen Symbolen in der Sphäre von Politik und Gesellschaft sein Unwesen treibt und sich der politische Faschismus in alle Ebenen der Gesellschaft bis in die Familie presst. Der politische Faschismus kann – und das verstehen viele nicht – oft gut auf den Alltagsfaschismus des einzelnen Bürgers aufbauen. Der politische Faschismus baut nämlich auch auf die Bereitschaft der einzelnen Bürger, den kleinen Faschisten in ihnen selbst nach außen zu kehren. Der politische Faschismus setzt darauf, dass Werte und Grundhaltungen, die für ihn eine große Hürde sind, von unten abgeräumt werden, wenn die entsprechenden Signale von oben kommen. Es bedarf einiger, die dazu bereit sind (und die gibt es immer), sowie vieler, die wegschauen und rückgratlos alles geschehen lassen.

»WIR HÄTTEN SICHER ALLE GUTE NAZIDEUTSCHE ABGEGEBEN«

Vermutlich werden viele Leser den Namen Ron Jones nicht kennen. Aber wenn das weltbekannte Faschismus-Experiment mit dem Namen »Die Welle« (im Englischen »The Third Wave«) angesprochen wird, dann dürfte klar sein, wovon die Rede ist. Ron Jones war der Lehrer, der dieses Experiment an einer Highschool in Kalifornien durchgeführt hat. 1967 behandelte er im Unterricht das Thema Drittes Reich. Seine Schüler haben nicht verstanden, wie die deutsche Gesellschaft so sehr dem Nationalsozialismus verfallen konnte. Deshalb beschloss Jones, ihnen eine Lektion zu erteilen. Innerhalb kürzester Zeit gelang es ihm, die Schüler für eine von ihm erdachte Fantasiebewegung zu begeistern, die im Kern zutiefst autoritär war. Immer mehr Schüler schlossen sich ihr an. Es dauerte nur wenige Tage, und die faschistischen Geister waren geweckt. Schüler, die sich nicht anschließen wollten, wurden bereits von Mitgliedern der Bewegung gemobbt. Nach fünf Tagen beendete Jones das Experiment, indem er bei einer Versammlung der »Bewegung« die Schüler aufklärte und ihnen mitteilte, dass sie Teil eines Experiments waren. Auf dem Bildschirm, auf dem eigentlich der große Anführer der Bewegung gezeigt werden sollte, zeigte Jones einen Film über das Nazi-Regime. In Anbetracht dessen, was sich in den fünf Tagen abgespielt hatte, sagte Jones zu den Schülern der Highschool: »[...] wir hätten sicher alle gute Nazideutsche abgegeben.«[2] Das Experiment hatte deutlich gemacht, wie schnell Menschen sich in einen faschistischen Rahmen einordnen können, sich Autorität unterwerfen, aber auch selbst ihren autoritären Antrieben freien Lauf lassen.

In einem beindruckenden Interview, das er zusammen mit einem seiner ehemaligen Schüler vor einigen Jahren gegeben hat, sagt Jones zum Faschismus das Folgende: »Wir denken, dass Faschismus etwas ist, was nur auf Ebene eines Staates existieren kann.

[Aber] Faschismus ist etwas, das in deinem Haus, an deinem Arbeitsplatz, in deiner Kirche, deiner Schule, in deiner Redaktion vorkommen kann. Faschismus kann an jedem Ort sein. Und dagegen musst du aufstehen«[3]

Dieses Verständnis von Faschismus kommt von einem Menschen, der sich nicht nur intellektuell verkopft politikwissenschaftlich anhand von akademischen Arbeiten mit dem Thema auseinandergesetzt hat. Es kommt von jemandem, der »live und in Farbe« mit seinen eigenen Augen gesehen hat, wie sich (scheinbar) aus dem »Nichts« Faschismus entwickelt. Und nicht nur das: Er, Jones, war es, der selbst im Rahmen seines Experiments Faschismus erzeugt hat.

So, wie Jones hier auf den Punkt gebracht Faschismus versteht, ist Faschismus zu begreifen. Er ist so breit zu denken und aufzufassen, dass er nicht erst in den äußeren politischen Strömungen und Gegebenheiten erkannt wird. Faschismus ist so zu denken, dass wir ihn in uns selbst erkennen. Und ausgehend von diesem Gedanken ist es dann nur logisch und konsequent, dass auch der Begriff »Nazi« breiter gefasst werden muss. Er ist so zu denken, dass verstanden wird, wie aus dem autoritär handelnden Bürger irgendwann vielleicht der »Nazi« in einem politischen System werden kann. Wer so den Begriff versteht, wer so Faschismus auffasst, der relativiert nicht die Schreckensherrschaft der deutschen Nationalsozialisten im letzten Jahrhundert, sondern dieses Verständnis trägt dazu bei, dass die boshafte Ausgrenzung, Abwertung und Diffamierung von Menschen und Gruppen – egal wie sehr diese Akte von Politik und Medien als »gut« verkauft werden – rechtzeitig als das erkannt werden, was sie sind: ein faschistischer Akt!

FASCHISMUS: WAS HAT UNSERE GESELLSCHAFT EIGENTLICH GELERNT?

Um auf die Eingangsfrage zur »Entnazifizierung« zurückzukommen: Wenn wir den Begriff »Nazi« so verstehen, wie er hier erklärt ist, dann ist die Frage in ihrer Zuspitzung und Schärfe angebracht – auch wenn jetzt einige schlucken und sich empören wollen. Und an diese Feststellung gilt es die Frage anzuschließen: Was hat unsere Gesellschaft eigentlich im Hinblick auf den Faschismus gelernt? Das ist eine Frage, die wir heute dringend stellen müssen. Und die ernüchternde Antwort lautet: Sie hat zumindest in ihrer Gesamtheit nicht das gelernt, was notwendig wäre, um präfaschistoide Tendenzen bereits in ihrem Keim zu erkennen und zu ersticken. Und wenn sie das nicht gelernt hat, dann hat sie *nichts* gelernt. Dann spielt es auch keine Rolle, dass weite Teile der Gesellschaft verstanden haben, sich nie mehr unter der NS-Symbolik zu formieren. Das ist zwar gut und richtig, aber um politischen Entwicklungen entgegenzutreten, die Menschen ausgrenzen, braucht es mehr. Zum Glück gibt es wenigstens einige Bürger in unserer Gesellschaft, die sehr feine Detektoren für jede Form von Faschismus im Entstehungsstadium entwickelt haben. Und diese Detektoren haben in der Corona-Pandemie angeschlagen. Sie haben natürlich nicht deshalb angeschlagen, weil etwa 2021 mit 1933 vergleichbar war. Sie haben auch nicht angeschlagen, weil es keine fundamentalen Unterschiede zwischen dem Dritten Reich und der bundesrepublikanischen Demokratie geben würde. Unsinn! Die jeweiligen politischen und gesellschaftlichen Kontexte waren und sind andere. Aber, und das wollen leider einige nicht verstehen: Menschen sind Menschen sind Menschen. Die Unterschiede zwischen »uns« und »denen« von damals sind nicht so groß, wie es manche in völliger Verkennung der Realität gerne hätten. Wenn sich in der US-amerikanischen Gesellschaft, wenn man so will: im Mutterland einer »Vorzeigedemokratie«[4] (zumindest laut Lehrbuch) innerhalb von wenigen Tagen an einer Schule faschistische

Entwicklungen ihren Weg bahnten, dann sollten wir, als Gesellschaft hier in Deutschland, sehr vorsichtig mit der Annahme sein, dass wir doch mittlerweile so viel gelernt und so viel besser wären als die Deutschen von damals.

»WIR HABEN MANCHMAL DIE GESUNDHEIT ÜBER DIE MENSCHLICHKEIT GESTELLT«

Während dieses Buch im August 2022 entsteht, ist auf *ZEIT Online* ein interessanter Artikel zu lesen. Er trägt die Überschrift »Macron hat die Pandemie für beendet erklärt«[5] und setzt sich mit Frankreich und seiner Corona-Zeit auseinander. In dem Artikel findet sich folgender Abschnitt: »An dem Tag, als der Expertenrat aufgelöst wurde, fand sein langjähriger Vorsitzender, Jean-François Delfraissy, kritische Worte über die französische Politik. ›Natürlich bedauere ich vieles‹, sagte der Immunologe in einem viel beachteten Radiointerview. ›Wir haben manchmal die Gesundheit über die Menschlichkeit gestellt.‹ Einige Bewohner von Altenheimen hätten ihren Lebenswillen verloren und nur noch auf den Tod gewartet, weil sie ihre Angehörigen nicht mehr sehen durften. ›Über die folgenreichen Entscheidungen, für Schulen und Altenheime etwa, hätten wir mit den Bürgerinnen und Bürgern sprechen müssen‹, sagt Delfraissy heute. Das habe aber ›die Politik‹ nicht gewollt.«[6]

Es gibt insbesondere einen Satz darin, der aufhorchen lassen sollte: »Wir haben manchmal die Gesundheit über die Menschlichkeit gestellt.« Vielleicht sollte dieser Satz noch mal und noch mal gelesen werden. Wie kann es sein, dass das, was einige als »Gesundheitsschutz« verstanden haben, die Menschlichkeit aussticht? Wie kann es sein, dass sich in einer aufgeklärten, demokratischen Gesellschaft die Politik über die Menschlichkeit stellt? Wo war der Aufschrei der breiten Bevölkerung? Nein, diese Fragen sind nicht so einfach damit abzutun, dass gesagt wird: »Es war nun mal Pandemie.« Denn in dem Verhalten, dass dazu geführt hat, dass solche Fragen überhaupt gestellt werden müssen, offenbaren sich gesellschaftliche und politische Abgründe. Auch bei uns war es so, dass unmenschlich vorgegangen wurde. Nicht zuletzt deshalb sind Bürger auf die Straße gegangen (einige der »Super-Denker« haben das bis heute nicht verstanden). Diese Realität wollten Journalisten, Politiker, aber auch viele Intellektuelle nicht sehen. Sie haben Mitbürger in aller Öffentlichkeit lächerlich gemacht und abgewertet, weil diese ob der gewaltig »übersteuernden« Pandemiepolitik auf die Straße gegangen sind.

Während der Pandemie habe ich [M.K.] zum ersten Mal das Konzentrationslager Buchenwald unweit von Weimar besucht. Unter anderem hat mich der krasse Gegensatz zwischen der vorgeblich unten in der Stadt fest verwurzelten »Hochkultur« und der unvorstellbaren Barbarei, die sich ein paar Kilometer außerhalb von Weimar zugetragen hat, gedanklich beschäftigt. Unten, Weimar, die Stadt der Dichter und Denker, Goethe, Schiller ... und dann ein Stück weiter das reine Grauen. Es gehört zu den großen Lebenslügen gerade auch der Eliten in Deutschland, dass »damals« niemals mehr »heute« sein könnte. Die Pandemie hat gezeigt: Die Antriebe, die das »faschistische Moment« in einer Gesellschaft erzeugen können, sind unter einer nur sehr, sehr dünnen Decke verborgen. Es braucht nicht viel, nein, es braucht erschreckend wenig, um selbst in einer angeblich aufgeklärten Gesellschaft wie in Deutschland jene Mechanismen und Verhaltensweisen an die Oberfläche zu befördern, aus denen sich nach und nach der Hass auf Gruppen, die politisch und gesellschaftlich stigmatisiert werden, entwickelt.

»ICH HABE MITGEMACHT« – DAS ARCHIV FÜR CORONA-UNRECHT

Auf der Internetseite *ich-habe-mitgemacht.de*[7] sammelt ein »Kreis besorgter Archivare« Zitate, die einen Eindruck vermitteln, was in unserer Gesellschaft seit März 2020 passiert ist.[8] Durch dieses so wichtige »zivilgesellschaftliche Medienprojekt«, das auch die Grundlage für dieses Buch bildet, wird das Ausmaß der autoritären Entgleisung in unserer Gesellschaft sichtbar. Auf der Internetseite heißt es: »Da die Täter von heute ab morgen jegliche Beteiligung abstreiten werden, gilt es Beweisstücke zu sammeln, um den einen oder anderen Zivilisationsbruch der Vergessenheit zu entreißen. Dies gilt für Vorkommnisse in Deutschland, Österreich und der Schweiz. Die kundige Öffentlichkeit ist deshalb aufgerufen, eklatante Beispiele für Übergriffigkeiten, menschenverachtende Formulierungen und Drangsalierungen maßgeblicher Personen in Parlamenten, Behörden, Universitäten, berufsständischen Organisationen, Medien, Krankenhausverwaltungen und anderen Institutionen zur Registrierung und Publizierung anzumelden.«

Die Begriff »Täter« ist hart. Aber er ist, aus unserer Sicht, angebracht. Deshalb ist auch im Untertitel dieses Buches von Tätern die Rede. Es geht hierbei nicht um Täter im juristischen Sinne. Die Verwendung des Begriffs ist in diesem Buch losgelöst von seiner strafrechtlichen Dimension zu verstehen. Das Verhalten von bestimmten Akteuren in der Pandemie hat dazu beigetragen, dass Menschen auf übelste Weise in ihrem Sein als Staatsbürger, aber auch in ihrem Menschsein entwertet wurden. Die einzelnen Akte der massiven Übergriffigkeit und Aggression haben sich in Teilen der Gesellschaft zu einer Grundstimmung entwickelt, aus der ein potenzierter Psychoterror gegen die Ungeimpften entstehen konnte. Mit jedem Angriff der Eliten und Medienvertreter wurden die Räume der Abwertung und des Hasses gegen die Ungeimpften verbreitert. Sehr schnell haben Teile der Gesellschaft begriffen, dass sie den Terror »von oben« auf den »unteren Ebenen«, wo sie agierten, gegen die Ungeimpften durch allerlei Schikanen und Gemeinheiten am Arbeitsplatz und im Alltag weiterführen durften. Dieses Phänomen führt zum Täterbegriff in seiner soziologischen und psychologischen Dimension. Das Verhalten der Einpeitscher und eifrigen Mitmacher in seiner Gesamtheit erzeugte gesellschaftliche Gewaltakte, die aber als solche unter dem Schutz des scheinbar Legitimen camoufliert werden konnten. Und, genauso wichtig: Die Gewaltakte wurden durch staatliche und mediale Macht getragen. Sie konnten so in völliger Pervertierung der Realität als »gute Taten« ausgeführt werden (quasi als Schutz des »Volkskörpers«). Auf den Punkt: Während der Pandemie konnten sich diejenigen, die den Terror gegen die Ungeimpften aufgezogen und umgesetzt haben, hinter den Gewaltakten verstecken.

In diesem Buch wird der Schleier der Verhältnisse durchdrungen und der Fokus auf die Akteure und ihr Handeln gerichtet. Ihr Handeln, ja, ihre *Taten* haben sie zu *Tätern* in einem regelrechten Feldzug gegen die Ungeimpften werden lassen. »Täter wird man durch eine Tat, die einem anderen Schaden zufügt. Opfer wird man durch einen Schaden am Körper oder der Psyche«, schreibt Franz Ruppert, einer bekanntesten Psychotraumatologen in Deutschland. Und Ruppert weiter: »Die Täterschaft kann bewusst oder unbewusst ausgeübt werden.«[9] Fakt ist, dass durch die Impfungen Menschen zu Schaden gekommen sind.[10] Wir wissen nicht, ob und, wenn ja, wie viele der Geschädigten sich durch den Druck von außen haben impfen lassen und so möglicherweise ihr Körper geschädigt wurde. Dass es dazu gekommen ist, liegt nahe, schließlich war der Druck durch übergriffige Äußerungen vonseiten prominenter Personen enorm.

Es ist an der Zeit, an Hannah Ahrendts *Banalität des Bösen* zu erinnern. Ahrendt, eine jüdische Politologin, prägte diesen Begriff zur Zeit des Gerichtsprozesses gegen den Nazi-Verbrecher Adolf Eichmann in Israel Anfang der 60er Jahre des vergangenen Jahrhunderts.

Ahrendt sah im Gerichtssaal nicht das Monster, das man in Anbetracht der Taten Eichmanns hätte erwarten können, sondern einen Menschen, der – zumindest nach außen hin – »banal normal« schien. Und doch: Dieser »Mensch« tat Ungeheuerliches. Ahrendt formte also aus ihren Beobachtungen die Formulierung von der »Banalität des Bösen« und hinterließ damit der Gesellschaft eine wichtige Erkenntnis. »Das Böse« – oder anders formuliert: »böse Handlungen« werden entgegen den Erwartungen, die manche haben, nicht von klar erkennbaren »Monstern« oder Teufeln mit Hörnern ausgeführt. Täter können in tadellos weißen Hemden in Erscheinung treten. Sie können eloquent, kultiviert, klug und vielleicht sogar sympathisch wirken und als Moral auf zwei Beinen auftreten.

In der Pandemie kleideten manche Akteure ihr böses Handeln in das Gewand der Banalität. Die Ausgrenzung und Abwertung der Ungeimpften, aber auch die schweren Grundrechtsbrüche gingen ihnen so von den Lippen, als ginge es lediglich um die geringfügige Erhöhung kommunaler Abfallgebühren. Besonders schlimm: all jene, die sich ihrer Verantwortung zu widersprechen und zu hinterfragen entledigten, indem sie ihr faschistisches Handeln auf die neuen Anordnungen und Verordnungen stützten. Der österreichische Ökonom und Philosoph Philip Kovce sprach im Zusammenhang mit der Banalität des Bösen in einem *Deutschlandfunk*-Beitrag vom »Outsourcing moralischer Verantwortung«[11]. Er kommt zu dem Befund, »dass die Banalität des Bösen auch heute allgegenwärtig ist. Sie gedeiht im kranken Burnout-Kapitalismus der Selbst- und Fremdausbeutung ebenso prächtig wie in mehr oder minder gelenkten Demokratien, die Alternativlosigkeit säen und Politikverdrossenheit ernten.«[12] In dem im August 2020 veröffentlichen Beitrag sagt Kovce weiter: »Wer in fanatischer Mission andere gleichermaßen voreilig wie selbstgerecht an den Pranger stellt, der leistet ihr ebenso Vorschub wie jene Alltagsnihilisten, die einfach nur ihre Ruhe haben und irgendwie über die Runden kommen wollen.«

So ist es!

Um Missverständnissen vorzubeugen: Keiner von uns sagt, dass etwa die Taten Eichmanns mit dem, worüber wir hier reden, zu vergleichen wären. Eigentlich versteht sich das auch von selbst und man müsste das nicht weiter erwähnen. Aber wir wissen, dass es Akteure gibt, die taktisch missverstehen und sich allein schon aufgrund des Bezugs zur Banalität des Bösen in den gespielten Empörungsmodus versetzen. Das Böse hat viele verschiedene Schattierungen. Böses und Boshaftigkeit können in unterschiedlich starken Ausprägungen auftreten.

In nicht wenigen der auf der Internetseite *ich-habe-mitgemacht.de* zusammengetragenen Zitate kommt auch etwas von der Banalität des Bösen zum Vorschein. Viele dieser Zitate richten sich gegen Ungeimpfte und Kritiker der Corona-Maßnahmen. Und viele zeugen von einer brutalen sprachlichen und gedanklichen Gewalt. Die Internetseite ist ein erschütterndes und zugleich extrem wichtiges Dokument, das die Ausmaße der Übergriffe und das Autoritäre, das Faschistische in einer Mischung aus camouflierter und offener Boshaftigkeit aufzeigt. Die unveräußerlichen Grundrechte, wie sie in unserem Grundgesetz verankert sind, waren zunächst für alle Bürger und dann für Ungeimpfte in Teilen suspendiert. Politiker haben die Grundrechte als Druckmittel eingesetzt, um Bürger, die der Impfung skeptisch gegenüberstehen, zur Impfung zu zwingen. Was sich sogenannte Meinungsführer einer aus dem Ruder gelaufenen Pandemiepolitik im Umgang mit Ungeimpften, mit Maßnahmenkritikern, aber letztlich auch mit allen Bürgern erlaubt haben, muss ein Nachspiel haben – im demokratischen Sinne. An dieser Stelle setzt das »Archiv für Corona-Unrecht« an. Als im Sommer 2022 Mic de Vries auf *Twitter* unter den Hashtags #IchHabeMitgemacht und #IchHabeAusgegrenzt auf die Aktion hingewiesen hat, war die Reaktion überwältigend.[13] Über Tage hatte der Hashtag auf *Twitter* getrendet. Sehr viele Nutzer brachten ihren Unmut über schlimme Hetze gegen die Ungeimpften zum Ausdruck. Beim Lesen dieser Stimmen wird deutlich: Es gärt unter der Oberfläche. Bürger dieses

Landes sind wütend, enttäuscht und traumatisiert aufgrund dessen, was sich auf politischer, juristischer, journalistischer und gesellschaftlicher Ebene während der Pandemie ereignet hat.

ES BRAUCHT EINE AUFARBEITUNG

Deshalb: Die Auswüchse in der Pandemie müssen aufgearbeitet werden! Aus diesem Grund ist das vorliegende Buch verfasst, das die Forderung nach einer Aufarbeitung weiterträgt.

Seit dem Bestehen der Republik gab es keine so breitflächige und tiefgreifende Ausgrenzung und Abwertung von Bürgern, wie sie in der Pandemie zu beobachten waren. Der immaterielle Schaden, der allein durch hetzerische, verletzende, ausgrenzende und im Kern zerstörerische Aussagen entstanden ist, ist unbezifferbar – hinzu kommen enorme materielle Schäden einer völlig aus dem Ruder gelaufenen Pandemiepolitik. Jeden Tag waren Mitbürger, die eine kritische Haltung zu der Corona-Impfung hatten oder nicht bereit waren, allen Maßnahmen widerspruchslos zu folgen, Angriffen ausgesetzt. Die Verächtlichmachung dieser Bürger hat sich von der Politik in die Medien hin zu den Arbeitsstätten, Universitäten, Schulen und selbst bis in die Familien gezogen. Abwertung, Hetze und offener Hass sind in dieser Breitflächigkeit und Form nur dann möglich, wenn sie durch führende Persönlichkeiten in der Gesellschaft und nicht zuletzt durch die Medien in den Bereich des Legitimen erhoben werden. Das war der Fall. Wie bereits im Kapitel zum Täterbegriff ausgeführt: Personen, die aufgrund ihrer gesellschaftlich hervorgehobenen Stellung sowohl mit Reichweiten- als auch mit Definitionsmacht ausgestattet sind, haben den Raum für die öffentliche Diskriminierung von Ungeimpften geöffnet. In einer schweren Zeit haben sie kraft ihres Amtes, ihrer Position und ihrer hervorgehobenen Stellung *nicht* den Weg der Vereinigung, sondern den der Spaltung gewählt.

Wenn diese Gesellschaft wieder zueinanderfinden will, dann muss dringend und zwingend eine Aufarbeitung erfolgen. Es bedarf nicht nur *eines* Untersuchungsausschusses. Es bedarf eines Untersuchungsausschusses für jeden zentralen Bereich unserer Gesellschaft, der in der Pandemie die allgemeinen und seine eigenen Werte mit Füßen getreten hat, der nicht seiner Aufgabe nachgekommen ist, Demokratie und Grundrechte zu schützen. Ob Politik, Justiz, Medien: Ihr Verhalten muss Gegenstand von offiziellen, anerkannten Untersuchungsausschüssen sein, denen auch die schärfsten Kritiker der Maßnahmen und der Impfung angehören. Die Pandemiepolitik, samt ihren katastrophalen Fehlentscheidungen, muss aufgearbeitet werden, genauso die Hetze und Diskriminierung gegenüber Ungeimpften und Maßnahmenkritikern. Parlament, Justiz und Medien sind zentrale Säulen unserer Demokratie. In der Pandemie sind alle Säulen regelrecht zerfallen. Sie haben dem Druck nicht standgehalten. Daher muss alles auf den Tisch. Und zwar so, wie es sich für einen demokratischen Rechtsstaat gebührt! Wir dürfen nie mehr wieder, ob bei einer neuen Pandemie oder was auch immer, in eine Situation kommen, in der ein effektiver Grundrechtsschutz nicht mehr gegeben ist und faschistische Entwicklungen zu erkennen sind. Denn das war der Fall. Wer etwas anderes behauptet, verkennt aus Dummheit, Ignoranz oder mit Absicht die Realität.

1 Michael Andrick, »Hat unser Staat totalitäre Tendenzen?«. In: *Der Freitag*, 35/2022, https://www.freitag.de/autoren/der-freitag/corona-totalitaere-tendenzen-in-deutschland [Zugriff 05.09.2022]

2 Christian Hambrecht, »Schul-Experiment ›Die Welle‹ Nazis für fünf Tage«. In: *Spiegel Online*, 11. März 2008, https://www.spiegel.de/geschichte/schul-experiment-die-welle-a-946745.html [Zugriff 30.08.2022]

3 »Ron Jones talks about The Third Wave, Fascism, Ukraine and relationship with Russia Documentary«. 17. Oktober 2014, https://www.youtube.com/watch?v=3Y1_Rc9PDnQ [Zugriff 28.08.2022]

4 Eine fundamental kritische Auseinandersetzung mit der US-amerikanischen Demokratie ist zu finden in: C. Wright Mills, *Die Machtelite*, hrsg. von Björn Wendt, Michael Walter, Marcus Klöckner, Westend, Frankfurt am Main 2019

5 Annika Joeres, »Corona in Frankreich: Macron hat die Pandemie für beendet erklärt«. In: *ZEIT Online*, 29. August 2022, https://www.zeit.de/gesellschaft/2022-08/frankreich-corona-regeln-maskenpflicht-lockerungen [Zugriff 02.09.2022]

6 Ebd.

7 https://ich-habe-mitgemacht.de/ [Zugriff 30.08.2022]

8 Im Impressum der Seite ist der Radiosender *Kontrafunk* (sehr zu empfehlen) angegeben, den der Journalist Burkhard Müller-Ulrich aufgebaut hat. (https://kontrafunk.radio)

9 Franz Ruppert, »Täter und Opfer. Die Psychodynamik der Täter-Opfer-Spaltung«. Vortrag, gehalten in München, 28. Oktober 2012. Zitiert nach: https://fdocuments.net/document/die-psychodynamik-der-tter-opfer-spaltung.html?page=1

10 Bennett Rampelt, »›Die Impfschädenwelle wird immer größer‹« (Interview mit dem Rechtsanwalt Joachim Cäsar-Preller). In: *Rechtsdepesche.de*, 19. September 2022, https://www.rechtsdepesche.de/impfschaedenwelle-wird-immer-groesser/ [Zugriff: 23.09.2022] Und: »Die Europäische Arzneimittel Agentur EMA listet rund 2 Millionen – exakt 1.990.587 – personenbezogene Verdachtsfall Reports ADR mit insgesamt 7.153.150 einzelnen Nebenwirkungen zu den Covid Impfstoffen (Stand 19.08.2022).« In: *Transparenztest.de*, https://www.transparenztest.de/post/ema-679765-der-1990587-gemeldeten-covid-impf-nebenwirkungen-sind-schwer [Zugriff: 23.09.2022]
Als weiterführende Literatur zur »Corona-Impfung« und Schäden sei unbedingt auf Beate Bahners Buch *Corona-Impfung. Was Ärzte und Patienten unbedingt wissen sollten* verwiesen.

11 Philip Kovce, »Outsourcing moralischer Verantwortung. Die Banalität des Bösen ist allgegenwärtig«. In: *Deutschlandfunk-Kultur*, 25. August 2020, https://www.deutschlandfunkkultur.de/outsourcing-moralischer-verantwortung-die-banalitaet-des-100.html [Zugriff: 02.10.2022]

12 Ebd.

13 *Twitter*-Account Mic de Vries, https://twitter.com/micLIBERAL [Zugriff 30.08.2022]

WARUM NICHT EINFACH VERGESSEN?

»Aber wenn sie ungeimpft auch nicht mehr arbeiten können, brauchen sie auch keinen öffentlichen Personennahverkehr mehr, um dahin zu kommen. Ja, so hart ist das!« [1]

Prof. Dr. Frank Ulrich Montgomery, Vorstandsvorsitzender des *Weltärztebundes*, Radiologe, Aufsichtsratsvorsitzender der *Deutschen Apotheker- und Ärztebank*

Eine simple Feststellung lautet: Menschen sind Menschen. Jeder Mensch übersteuert mitunter etwas oder redet schlicht dummes Zeug – ob am Stammtisch, in der Zeitung oder in der Politik. Man muss nicht jedes Wort auf die Goldwaage legen und oft ist es vernünftig, einfach auch mal fünfe gerade sein zu lassen. Insbesondere auf der Ebene des persönlichen Umgangs mit Menschen tut man gut daran, zu verzeihen und nicht nachtragend zu sein. Eine der wohl edelsten Formen der Vergebung ist es, wenn man, je nach Umstand, auch mal Menschen verzeiht, die es nicht verdient haben. Wohl jeder kennt das: Unrecht wird einem angetan oder ein Schaden ist entstanden, aber die Person, die dafür verantwortlich ist, ist nicht bereit, Einsicht zu zeigen und sich zu entschuldigen oder für den Schaden aufzukommen. Manche halten an der entstandenen Verletzung fest, wollen nicht »loslassen«, wollen »Schadensersatz«, Genugtuung und mitunter geht es so weit, dass sehr viel böses Blut entsteht.

Allein schon aus Selbstschutz kann Vergebung im Umgang mit anderen Menschen von elementarer Bedeutung sein. Vergebung wirkt befreiend. Hinzu kommt: Niemand weiß genau, was den anderen, den wir als »böse« oder »schlecht« wahrnehmen, antreibt, welche Verletzungen er vielleicht erlitten hat, die ihn so agieren lassen, wie er agiert. Empathie, Mitmenschlichkeit, Nachsicht und Vergebungsbereitschaft können, je nach Situation, in Beziehungen sehr hilfreich sein. Allerdings, bei aller Liebe, gilt es persönliche Schmerzgrenzen zu beachten. Auch ein Mensch, der vielleicht aufgrund seiner eigenen Erlebnisse sich verletzend gegenüber anderen verhält, hat keine Narrenfreiheit. Sein destruktives Verhalten kann nicht widerspruchslos hingenommen werden. Hinzu kommt: Bei der Aufarbeitung dessen, was in unserem Land passiert ist, geht die »Konfliktzone« weit über die persönliche Ebene zwischen Individuen hinaus. Hier geht es um Aussagen und Handlungen, die in ihrer Gesamtheit zu einem gesellschaftlichen Klima beigetragen haben, das bis in den Kern unserer freiheitlich-demokratischen Grundordnung geschnitten hat. Aus der Summe der einzelnen Akte der Aggression hat sich etwas geformt, was sowohl auf individueller als auch auf gesellschaftlicher Ebene eine zerstörerische Wirkung hatte. Und deshalb kann man nicht einfach über die Aussagen hinwegsehen.

GRUNDRECHTE SIND NICHT VERHANDELBAR

Die innere Verfasstheit unserer Gesellschaft beruht auf der Gewissheit, dass die Grundrechte unveräußerlich sind und für alle Menschen gelten. Die Grundrechte sind nicht verhandelbar! Wer sie einschränken will oder angreift, muss mit Widerstand rechnen. Und die Grundrechte sind Abwehrrechte gegen Übergriffe des Staates und insofern als ein Schutzwall für die Bürger zu begreifen. Der Staat hat sich in der Pandemie unter Beteiligung der Medien, der Justiz und der Wissenschaft erlaubt, diesen Schutzwall wegzunehmen. Die bittere Erkenntnis lautet: Ein effektiver Grundrechtsschutz hat weitgehend nicht mehr bestanden. In persönlichen Gesprächen, aber auch aus unzähligen Beiträgen in den sozialen Medien haben wir erfahren, dass die Übergriffigkeit des Staates für viele ein traumatisierendes Erlebnis war. Selbst in der eigenen Wohnung waren Bürger nicht mehr vor Übergriffen des Staates geschützt. Der Anruf eines Denunzianten in der Nachbarschaft hat ausgereicht, und Polizisten sind in Wohnungen eingedrungen, um zu kontrollieren, wie viele Menschen sich darin aufhielten. Zuweilen kam es vor den Augen von Kindern zu Szenen, die eines Rechtsstaates unwürdig sind.

GESCHWIEGEN ODER DIE STIMMUNG ANGEHEIZT

Viele derjenigen, die aufgrund ihrer herausgehobenen Stellung in unserer Gesellschaft in der Lage gewesen wären, ihre Stimme zu erheben, um der Politik im Hinblick auf den Maßnahmenwahnsinn entgegenzutreten, haben geschwiegen oder, viel schlimmer, die Stimmung angeheizt. Hart, härter noch härter: So sollte der Staat gegenüber Menschen vorgehen, die zum Beispiel Bedenken hatten, sich einer »Impfung« zu unterziehen. Durchgreifen. Konsequent. Ohne Wenn und Aber. Viele der Aussagen, die in diesem Buch und auf der Website *ich-habe-mitgemacht.de* dokumentiert sind, hatten eine enorme Wirkung. Diejenigen, die so massiv gegen Impf- und Maßnahmenkritiker zu Felde gezogen sind, sind keine Dummköpfe. Wohl der größte Teil verfügt über hohe formale Bildungsabschlüsse. Viele von ihnen sind erfahren im Umgang mit der Öffentlichkeit. Von ihnen ist anzunehmen, dass sie wussten, ja: genau wussten, was ihre Aussagen auslösen würden. Viele dieser Akteure sind erfahren im Umgang mit Sprache. Wenn ein so versierter Journalist wie Nikolaus Blome im *Spiegel* schreibt, die ganze Republik möge mit dem Finger auf die Ungeimpften zeigen, dann fällt es schwer zu sagen: »Ups, da waren die Emotionen wohl schneller als der Verstand. Schwamm drüber.« Wer journalistische Arbeitsprozesse kennt, weiß: Solche Texte entstehen nicht zwischen Tür und Angel und sind innerhalb von zehn Minuten hastig geschrieben und ebenso schnell veröffentlicht. Solche Texte entstehen nach einer gedanklichen Auseinandersetzung mit einem Thema. Und es gibt eine Redaktion, die so einen Text gegenliest, prüft und, wenn nötig, redigiert.

Anders gesagt: Unbedachtheit lässt sich hier kaum zugutehalten. Hinzu kommt: Uns ist von keinem prominenten Akteur bekannt, dass er sich öffentlich und glaubhaft für seine Aussagen und sein Verhalten in der Pandemie entschuldigt hat.[2]

Wie weit wären sie noch gegangen? Diese Frage muss einen umtreiben. Was hätten diejenigen, die gegen Impf- und Maßnahmenkritiker gehetzt haben, bei einer angeblich anhaltenden Pandemielage noch alles gesagt – oder getan? Wozu wären Politiker, Journalisten, Wissenschaftler, Richter und Mitbürger im Hinblick auf den Umgang mit Ungeimpften noch in der Lage gewesen? Wie weit wären die Menschen in unserer nächsten Umgebung noch gegangen? Wo wäre die Grenze für Arbeitskollegen, Nachbarn, Bekannte, Freunde oder Familienmitglieder gewesen? Oder anders gefragt: Hätte es für sie überhaupt Grenzen gegeben?

Die Annahme, dass zumindest ein Teil dieser Leute bei der nächsten Gelegenheit weiter auf Ausgrenzung und Diffamierung setzt, ist nicht so leicht von der Hand zu weisen. Es kann und es darf aber nicht sein, dass Bürger, für die der Schutz ihres Körpers bedeutsam ist oder die Maßnahmen kritisieren, die ihre Freiheitsrechte massiv einschränken, in Angst leben müssen, dass sie erneut durch Vertreter des Staates oder der Medien abgewertet und ausgegrenzt werden. Der Staat hat sich aus der Wohnung der Bürger fernzuhalten. Und er hat sich vom Körper fernzuhalten. Diejenigen, die meinen, der Staat müsse übergriffig werden, diejenigen, die meinen, der Staat müsse eine Impfpflicht installieren und durchsetzen, diejenigen, die meinen, die Republik müsse mit dem Finger auf Ungeimpfte zeigen, dürfen selbstverständlich diese Meinung vertreten. Aber dann müssen sie sich auch ins Gesicht sagen lassen, dass ihr Verständnis einer freiheitlich-demokratischen Grundordnung, ihr

Verständnis von Grund- und Menschenrechten einer Kernsanierung bedarf.

Warum also nicht einfach darüber hinwegsehen, womöglich verzeihen und vergessen? Weil, erstens, Einsicht in das »Fehlverhalten« und eine glaubhafte Entschuldigung nicht erkennbar sind, und, zweitens, nicht nur der Schaden in der Gesellschaft gewaltig ist, sondern weil man auch ziemlich sicher davon ausgehen kann, dass es bei der nächsten Pandemie oder einem vergleichbaren Ereignis zu Situationen kommen mag, wo Grundrechte so massiv eingeschränkt werden sollen, dass noch eine Schippe draufgepackt wird.

1 Zitiert nach: https://www.n-tv.de/panorama/Corona-Demonstranten-haben-Schuss-nicht-gehoert-article22982688.html [Zugriff 03.09.2022]

2 Wobei: Laut Medienberichten hat sich Jens Spahn bei Familien und Kindern entschuldigt. Wie diese Entschuldigung einzuordnen ist, darf, gewiss, jeder Leser selbst einordnen. Siehe: Ruth Schneeberger, »Wofür Jens Spahn sich entschuldigen möchte«. In: *Berliner Zeitung*, 2. Oktober 2022, https://www.berliner-zeitung.de/gesundheit-oekologie/wofuer-jens-spahn-sich-entschuldigen-moechte-li.271878 [Zugriff: 05.10.2022]

MITGEMACHT

»Für Leute wie Sie muss die Impfpflicht her.
Wenn nötig, bis zur Beugehaft.« [1]

Boris Palmer, Oberbürgermeister von Tübingen
(Bündnis 90/Die Grünen)

»Mitgemacht« – das ist ein Wort, das zunächst völlig harmlos klingt. Kinder kommen von der Schule nach Hause und erzählen von einem Spiel in der Pause und die Eltern fragen: »Hast du mitgemacht?« Ein Mann kommt nach Hause und erzählt seiner Frau von einer Tombola im Lebensmittelmarkt, bei der es eine Reise zu gewinnen gibt, und die Frau fragt: »Hast du mitgemacht?« Synonyme für »mitmachen« sind etwa »sich beteiligen«, »dabei sein«, »mitwirken«, aber auch »mithelfen«. Doch so harmlos das Wort oft gemeint ist, es hat auch eine düstere Bedeutung, die kaum dunkler sein könnte und die mit der dreckigen Geschichte dieses Landes verbunden ist. Je nach Kontext verweist »mitgemacht« auf das Dritte Reich, die Nazis, die unfassbaren Verbrechen, die Judenverfolgung und den Holocaust. »Mitgemacht« kann bedeuten: Hast du auch zugeschaut, wie deine jüdischen Nachbarn ins Konzentrationslager abtransportiert wurden? Hast du auch nicht an Juden verkauft oder bei Juden gekauft, weil man es dir gesagt hat? Warst du auch ein »Mitläufer«? Oder warst du gar ein überzeugter Nazi? Hast du damals auch Kinder in den Ofen geschoben?

Schlagartig ist die Stimmung im Keller, wenn »mitgemacht« in dieser Bedeutung gemeint ist. Auch die Aktion »Ich habe mitgemacht« greift auf diesen Begriff zu. Und von »mitgemacht« ist in diesem Buch immer wieder die Rede. Wie also ist der Begriff hier zu verstehen? Soll hier etwa gesagt werden, dass diejenigen, die in der Pandemie gegen Ungeimpfte gehetzt haben und sie vom öffentlichen Leben ausschließen wollten, mit jenen zu vergleichen sind, die damals im Dritten Reich – in welcher Form auch immer – »mitgemacht« haben? Stellen wir die Beantwortung dieser Frage an dieser Stelle noch zurück.

Die Bürger dieses Landes haben die Bürde der Vergangenheit zu tragen. Ihre Vorfahren haben unfassbare Verbrechen begangen. Die Bürger dieses Landes können die Vergangenheit nicht ungeschehen machen. Aber sie können dafür sorgen, dass niemals mehr wieder ein gesellschaftliches Klima entsteht, das es ermöglicht, Menschen aufgrund eines bestimmten Merkmals oder einer Haltung zu diskriminieren, auszugrenzen und zu bedrohen.

Dass hierbei darauf geachtet werden muss, dass nie mehr Nazis zu einer politischen Kraft werden und nie mehr jüdische Mitbürger angegangen oder verfolgt werden, versteht sich von selbst. Aber verantwortungsbewusst mit der dunklen Geschichte Deutschlands umzugehen heißt, zu erkennen, dass bestimmte Antriebe in Menschen, auch losgelöst von der nationalsozialistischen Ideologie, zu einem Schrecken führen können, der jenem der Nazis nicht unähnlich ist. Erinnert sei hier noch mal an das Sozialexperiment »The Third Wave« an einer Highschool in Kalifornien im Jahr 1967 (siehe Einleitung).

DAS FASCHISTOIDE IM MENSCHEN UND BÜRGER

In nicht wenigen Menschen sind Antriebe vorhanden, dem Autoritären und dem Faschistoiden zu folgen oder es sogar selbst zu erzeugen. Wenn diese Antriebe sich ihren Weg bahnen, dann werden andere oft aufgrund von äußerlichen Merkmalen, aufgrund ihres Aussehens oder ihrer Herkunft, abgewertet, ausgegrenzt, niedergemacht und

Schlimmeres. Das ist leider ein Stück Normalität in unserer Gesellschaft. Richtig gefährlich werden diese Antriebe aber dann, wenn von »oben« der Diskriminierung einer Menschengruppe grünes Licht gegeben wird, also die Diskriminierung regelrecht erwünscht ist. Wenn zum Beispiel Politiker anfangen, Mitbürger offen zu bedrohen, wenn Gerichte so weit gehen, Mitbürgern aufgrund ihres Impfstatus Grundrechte zu verwehren, dann müssen bei jedem Demokraten die Alarmsirenen losgehen. Dann ist die Gefahr real, dass kontinuierlich eine immer weitergehende Ausgrenzung erfolgt bis möglicherweise hin zu körperlichen Übergriffen. Es braucht dazu nur die richtigen Rahmenbedingungen.

Um es noch einmal klar zu sagen: Natürlich ist die Abwertung und Ausgrenzung von Ungeimpften während der Pandemie in den vergangenen Jahren nicht gleichzusetzen mit dem Vorgehen der Nazis gegenüber den Juden. Natürlich sind diejenigen, die Hetze gegen Ungeimpfte betrieben haben, nicht gleichzusetzen mit den Nazis von damals. Und doch darf nicht darüber hinweggesehen werden: Die Hetze, die prominente Mitglieder unserer Gesellschaft gegen die Ungeimpften gerichtet haben, lässt sich durchaus mit jenen niederen menschlichen Antrieben verknüpfen, die immer dann zum Vorschein kommen, wenn eine Gruppe von Menschen in ihrem Sein abgewertet wird. Eine Mischung aus Autoritätsgehabe, Überlegenheitsgefühl, Sadismus, Regelfetischismus, Kompensation der eigenen Unzulänglichkeiten sind unter anderem Treiber, wenn es um die Abwertung von Menschengruppen geht. Diese niederen Antriebe, so ist es nun mal, gab es bei den Nazis zuhauf. Diese niederen Antriebe sind in vielen von uns Menschen. Damals haben auch deshalb viele »mitgemacht«, weil sie eben mitmachen durften, weil keine gesellschaftlichen Sanktionen zu erwarten waren. Die äußeren Rahmenbedingungen, also auch das vorherrschende Narrativ, waren so angelagert, dass die Diskriminierenden unter der Maske des guten Menschen die anderen abwerten und ausgrenzen konnten.

In Nazi-Deutschland zeigte man der Bevölkerung Propagandafilme, in denen an TBC erkrankte Juden nicht mehr aufgehört haben zu husten. »Volksschädlinge« eben. Dass an Tuberkulose nicht nur Juden, sondern alle Bürger erkranken konnten und sie genauso ansteckend waren wie ein jüdischer Mitbürger, das zeigten die Propagandafilme natürlich nicht. Wer Juden diskriminierte, konnte es nach außen hin so darstellen, dass er dies zum Wohle des deutschen Volkes tat. Ob die einzelnen Bürger dann tatsächlich aus der Überzeugung handelten, etwas »Gutes« zu tun, oder einfach die Gunst der Stunde nutzten, um niederen Instinkten freien Lauf zu lassen, oder vielleicht beides vereinten, sei dahingestellt. Es dürfte alle möglichen Motivationen gegeben haben. Auch bei der Ausgrenzung und Abwertung von Ungeimpften lässt sich nur vermuten, was die jeweiligen Motive waren.

SIE HABEN DIE GUNST DER STUNDE GENUTZT

Fest steht: Teile der Führungs- und Deutungselite sind mit einer sprachlichen Brutalität gegen Mitbürger vorgegangen, die unserer Demokratie nicht würdig ist. Viele haben in den vergangenen zwei Jahren »mitgemacht«. Wie viele von ihnen dabei geglaubt haben, sie würden das »Richtige« tun, und wie viele einfach nur die Gunst der Stunde genutzt haben, um auf eine Gruppe, die fast schon den Status »vogelfrei« hatte, verbal, durch Mimik, Gestik und andere Handlungen »draufzuhauen«, kann man nur erahnen.

Und noch einmal die Frage: Wie weit wären sie gegangen? Was wäre gewesen, wenn sich die Pandemiesituation verschlimmert hätte? Was wäre passiert, wenn von staatlicher Seite die Ungeimpften noch deutlicher als »Gefahr« für die Allgemeinheit dargestellt worden wären? Die Vermutung ist: Dann wäre es richtig finster geworden.

»Mitgemacht« – wie ist der Begriff hier also zu verstehen? Nein, nicht »mitgemacht« wie die Nazis. Aber eben »mitgemacht« in der Pandemie bei der Ausgrenzung, Diskriminierung und Bedrohung von Mitbürgern. Nicht »mitgemacht« beim Kinder in den Ofen Schieben, aber »mitgemacht«, die Ungeimpften als asoziale und gefährliche Bürger hinzustellen. Das Wort »mitgemacht« muss hier eine dunkle Konnotation tragen. Und in diesem Sinne versteht es sich auch als eine Mahnung.

1 Boris Palmer auf *Facebook* als Antwort auf einen kritischen Kommentar zu seiner Forderung einer sofortigen Impfpflicht. Zitiert nach: *bild.de*, 21. Dezember 2021, https://www.bild.de/politik/inland/politik/social-media-antwort-palmer-droht-impfunwilligen-mit-beugehaft-78609798.bild.html

KLIMA: SPALTUNG, ZWIETRACHT, WUT

»All diesen Spinnern und Coronakritikern sei gesagt: Es wird keine Normalität mehr geben wie vorher.« [1]

Rainald Becker, Fernsehjournalist, ARD, SWR

Was ist in diesem Land passiert? Was war und ist das für ein Klima, das in unserem Land herrscht? Ein Keil wurde mit solch einer Wucht in unsere Gesellschaft getrieben, dass er bis in die Familien reicht. Bruder und Schwester? Eltern und ihre Kinder? Schwer zerstritten oder sogar entzweit – wegen ihrer jeweiligen Einstellungen zur Impfung und/oder zu den Maßnahmen.

Sicher, unsere Gesellschaft war auch schon vor der Pandemie tief gespalten. Seit mindestens 20 Jahren, seit den sogenannten Reformen der Rot-Grünen-Regierung unter Bundeskanzler Gerhard Schröder, hat sich ein Klima ausgebreitet, das wie Gift für den Zusammenhalt einer Gesellschaft ist. Damals wurde kampagnenartig Stimmung gegen die Ärmsten in unserer Gesellschaft gemacht.[2] Das ohnehin bereits vor den Agenda-Reformen angespannte Verhältnis zwischen der Unter- und der Mittelschicht wurde noch weiter überdehnt. Argwohn, Neid, Missgunst, Zwietracht, Wut und Hass von Bürgern untereinander, die ohnehin bereits vorhanden waren, haben sich weiter verschärft. Und dann: das Virus. Der Mitmensch, unser Gegenüber wurde plötzlich zur potenziell tödlichen Gefahr. Was uns Menschen ausmacht, zusammen sein, miteinander im Kontakt sein, sich austauschen, berühren, all dies und noch viel mehr, war über Nacht zur Gefahr geworden. Das zumindest haben uns Politiker, die Medien und »Experten« unaufhörlich gesagt.

Zum Klima der Spaltung haben Politiker, Journalisten und Experten ein Klima der Angst erzeugt. Wohl noch nie zuvor wurden ganze Gesellschaften über den gesamten Globus zeitgleich in eine so weitreichende und tiefgreifende Angst getrieben. In Deutschland und nahezu überall auf der Welt hat sich die Angst vor Erkrankung und dem eigenen Tod zwischen die Menschen gestellt. Die Maske, die das Gesicht verdeckt und entstellt, war und ist noch immer das sichtbarste Zeichen einer Entwicklung, die beispiellos ist in der Geschichte der Menschheit und die viele Fragen aufwirft. Wer trägt Maske? Wer trägt keine? Wer trägt die Maske aus Überzeugung, wer nur aus Zwang? Und dann die Impfung. Wer lässt sich impfen? Wer nicht? Wer holt sich die zweite Impfung ab? Wer nicht? Wer lässt sich boostern, wer nicht? Wer applaudiert dem »Impf-Abo«, wer nicht? Wer trägt die Maßnahmen mit, wer nicht? Wer hat ein Problem damit, dass seine Kinder sich einen Stab in die Nase schieben lassen müssen, wer nicht? Wer geht auf die Straße, um für die Grundrechte zu demonstrieren, wer nicht? Wer nimmt das Pandemiegeschehen hin und macht bei allem mit, wer hinterfragt und lehnt sich auf? Dass sich Menschen im Hinblick auf Einstellungen, Verhaltensweisen und politische Ansichten voneinander unterscheiden, ist, gewiss, normal. Und dass es aufgrund unterschiedlicher Betrachtungsweisen zu Sympathien und Antipathien kommt, ist genauso normal. Aber diese Fragen dringen in den Kern unseres Zusammenseins ein. Jede einzelne von ihnen ist wie ein Schwert, das bis ins Mark der Beziehungen von Menschen schneiden kann. An Fragen wie diesen lässt sich offensichtlich sogar festmachen, ob Bürger über ihre Grundrechte verfügen dürfen oder nicht. Aber warum können diese Fragen überhaupt so tief schneiden? Weil Politik, Medien und gesellschaftliche Eliten ein Klima der Intoleranz erzeugt und diese Fragen zum Maßstab aller Dinge gemacht haben.

»DER ALLTAG FÜR UNGEIMPFTE MUSS UNANGENEHMER SEIN«

Wenn sich eine Gesellschaft in einem Zustand der Spaltung befindet, müssten diejenigen, die »das Steuer« in der Hand halten, mit großem Feingefühl und Bedacht agieren und besänftigende oder auch deeskalierende Impulse in die Gesellschaft schicken. Das läge in ihrer Verantwortung, ja, das wäre ihre Pflicht. Doch das Gegenteil war und ist der Fall.

»Der Alltag für Ungeimpfte muss unangenehmer sein«[3], sagte der Rostocker Oberbürgermeister am 24. Juni 2021 in einem Interview in der *Welt*. »Ihr seid jetzt raus aus dem gesellschaftlichen Leben«[4], sagte der saarländische Ministerpräsident Tobias Hans (CDU) im Dezember 2021 bei *maybrit illner*. Es sind nur zwei Beispiele für den Geist der Spaltung.

Es gibt eine typisch deutsche Mentalität, die manchmal als angebracht und positiv betrachtet werden kann, die aber, wenn sie sich in ihrer extremen Form den Weg bahnt, eine hässliche Fratze hat. Wenn der deutsche Sinn für Ordnung stimuliert wird, dann wird es schnell übel. Dem »guten« Deutschen genügt es nicht, wenn 99 von 100 Menschen in einem Geschäft die Maske tragen. Es müssen 100 von 100 sein. Es darf, um Himmels willen!, bloß keiner aus der Reihe tanzen. Das ist in China nicht anders!

Während in Ländern wie etwa Schweden und Dänemark entspannt und weitestgehend menschlich mit der »Maskenfrage« umgegangen wurde, führten sich in Deutschland Ordnungs- und Maßnahmenfanatiker – bestärkt von der Politik – wie Hilfssheriffs auf. Aktion: Es darf keine Verstöße gegen Maßnahmen geben! Überall im Land fühlten sich Denunzianten auf den Plan gerufen. Normale Unternehmungen, wie etwa der Besuch eines Spielplatzes mit den Kindern oder der Besuch des Bruders mit seiner Familie, waren plötzlich Grenzüberschreitungen, über die nun maßnahmentreue, also »gute« Bürger wachten. Selbst Menschen, die aufgrund von körperlichen oder psychischen Erkrankungen keine Maske tragen konnten, wurden regelrecht gemobbt. Sie mussten sich Demütigungen gefallen lassen und es gab Geschäfte, die haben sogar explizit Menschen, die aus gesundheitlichen Gründen keine Maske tragen konnten, ausgeschlossen. »Du kannst keine Maske tragen? Raus! Hier kaufst du nicht ein!«, so in etwa bisweilen der Ton.

Die Auswirkungen auf die Psyche dieser Mitmenschen waren enorm. Überall im Netz tauchten Videos auf, in denen sich Bürger wegen der Nichteinhaltung von Maßnahmen verbal fetzten oder gar an die Gurgel gingen. Trauriger Höhepunkt einer sich immer weiter hochschaukelnden Aggression war der Mord an einer Tankstelle in Idar-Oberstein. Ein Streit um eine nicht getragene Maske eskaliert. Der Mann ohne Maske geht daraufhin nach Hause, kommt zurück, zieht eine Waffe, erschießt den Kassierer.

Solche Taten sind oft Anzeichen für größere, tiefere Konflikte auf gesellschaftlicher Ebene. Irgendwo, an irgendeiner Stelle, spitzt sich dann auf individueller Ebene ein Konflikt so zu, dass er in einer schweren Auseinandersetzung oder eben gar in einem Mord endet. Es ist mühselig, in einzelnen Fällen zu untersuchen, ob bei einem anderen gesellschaftlichen Klima eine Tat nicht erfolgt wäre. Aber der gesunde Menschenverstand lässt die Schlussfolgerung zu, dass, allgemein gesprochen, Druck, dass Hass und Hetze, die von oben nach unten weitergetragen werden, sich auf die ein oder andere Weise auf der zwischenmenschlichen Ebene entladen.

In der Pandemie hat sich zudem noch einmal verschärft, was schon seit Jahrzehnten zu beobachten ist: die zunehmende Verengung des Meinungskorridors, der inzwischen den Durchmesser eines Strohhalms erreicht hat. Ernsthafte Diskussionen zwischen Personen, die unterschiedliche Ansichten innerhalb der unter anderem von den großen Medien erzeugten Öffentlichkeit vertraten, gab es schon vor der Pandemie nur noch sehr selten. In der Pandemie aber haben insbesondere die Medien den Meinungskorridor so weit verengt, dass eine Kritik an den Maßnahmen und dem Vorgehen der Regierung lange Zeit nahezu unmöglich war. Auch das war einer der Gründe dafür, dass Bürger auf die Straße strömten und sich »Spaziergängen« und Demonstrationen anschlossen. Ihre Sicht war in der medialen Öffentlichkeit faktisch nicht vertreten.

1 Rainald Becker, Kommentar in den *Tagesthemen,* 6. Mai 2020. Zitiert nach: https://ich-habe-mitgemacht.de/index.php?option=com_content&view=article&id=425:all-diesen-spinner-und-coronakritikern-sei-gesagt-es-wird-keine-normalitaet-mehr-geben-wie-vorher&catid=9&Itemid=235 [Zugriff: 20.09.2022]

2 Vgl. Michael Walter, *Reformvisionen. Zur Bildpolitik wirtschafts- und sozialpolitischer Reforminitiativen,* UVK Verlag, Konstanz 2016

3 Zitiert nach: »Rostocks OB Madsen: ›Alltag für Ungeimpfte muss unangenehmer sein‹«. In: *RedaktionsNetzwerkDeutschland,* 24. Juni 2021, https://www.rnd.de/politik/rostocks-ob-madsen-alltag-fuer-ungeimpfte-muss-unangenehmer-sein-AOTTLMOUAZHLPCZWD24RREIXFQ.html [Zugriff 30.08.2022]

4 *maybrit illner,* »Omikron und Impfpflicht - neuer Minister, neue Sorgen?«, 9. Dezember 2021, https://www.zdf.de/politik/maybrit-illner/omikron-und-impfpflicht-neuer-minister-neue-sorgen-maybrit-illner-zu-gast-u-a-karl-lauterbach-am-9-dezember-2021-100.html [Zugriff 30.08.2022]

POLITIK

»Es gibt keinen Anspruch auf Restaurantbesuch. In dem Moment, wo Restaurants wieder öffnen, kann man dann wieder sagen, ja, für Geimpfte ist der Besuch dann eben ohne weitere Auflagen möglich.« [1]

Jens Spahn in seiner ehemaligen Funktion als Bundesgesundheitsminister

»Diejenigen, die sich nicht impfen lassen [...], gefährden uns alle« [2], sagte Bundespräsident Frank-Walter Steinmeier im November 2021. Bei einem Auftritt im September desselben Jahres in Rostock bezeichnete der ehemalige Bundespräsident Joachim Gauck Impfgegner als »Bekloppte« [3], rund drei Monate später zeigte er in der Talkshow *Maischberger* Verständnis für Geimpfte, die zornig auf Ungeimpfte sind: »Weil sie [die Ungeimpften] ein Freiheitsverständnis haben, das andere beschädigt.« [4] Und der Grünen-Politiker Robert Habeck, jetzt Bundeswirtschaftsminister, sagte in einem ZDF-Sommerinterview: »Es wird einen Unterschied geben im Zugang von Rechten und in der Freiheit des Lebens zwischen den Geimpften und Ungeimpften.« [5]

Diese Beispiele dokumentieren den Ton, der vonseiten der Politik gegenüber den Ungeimpften angeschlagen wurde. Der Bundespräsident, das heißt: das Staatsoberhaupt, bezichtigt an prominenter Stelle im Schloss Bellevue die Ungeimpften, alle Bürger im Land zu gefährden. Ein Altbundespräsident beschimpft Mitbürger als »Bekloppte« und Habeck sagt wie einer, dem man erst mal in einem Seminar die Grundzüge unserer Verfassung erklären muss, dass es einen Unterschied im Zugang zu Rechten zwischen Geimpften und

Ungeimpften geben werde, sprich: Grundrechte für Ungeimpfte? Gibt es nicht mehr.

Die Aussagen von Steinmeier und Gauck sind deshalb besonders schlimm, weil dem Bundespräsidenten in seiner Position eine integrative Funktion zukommt. Der Bundespräsident, der eigentlich über den Parteien und ihrer jeweilig Politik stehen sollte, hat auch die Funktion, gesellschaftliche Spannungsverhältnisse durch eine kluge Positionierung abzufedern. Er, als Bundespräsident des gesamten Volkes, der gesamten Gesellschaft, sollte für alle Bürger »da sein«, ihre Ängste, ihre Sorgen aufnehmen, verstehen und gerade auch in sehr schweren, fundamentalen Konflikten auf die Kraft der Einigung setzen. Wenn aber von der Position des Bundespräsidenten aus nicht auf Integration, nicht auf Konfliktlösung, sondern auf Spaltung und Eskalation gesetzt wird, dann wird etwas sehr deutlich: Die Verwerfungen in unserer Demokratie, ja, das bisweilen pervertierte Verhalten unserer demokratischen Institutionen und ihrer Vertreter, ist so weitreichend, dass es sich bis in die Spitze des politischen Staates zieht. In Deutschland sind über 18 Millionen Bürger nicht gegen Corona geimpft. Sollen das alles »Bekloppte« sein? Was ist von einem Altbundespräsidenten zu halten, der auf spalterische Weise in der Öffentlichkeit auftritt? Aber auch Habeck und Spahn haben durch ihre Aussagen und ihr Verhalten gezeigt, wie brutal mit den unveräußerlichen Grund- und Menschenrechten umgegangen wurde.

Bereits ein einziges der angeführten Zitate ist für sich genommen ungeheuerlich. Aber es kommt noch schlimmer. Wir reden nicht von ein paar Politikern, die vielleicht »überdreht« haben. Wir reden hier von nahezu einer gesamten politischen Landschaft, in der Aussagen wie diese produziert und mitgetragen wurden. Wir haben Politiker erlebt, vom Bundestag über die Landesparlamente bis hinunter auf die lokale Ebene, die einen regelrechten Gefallen an der Beschneidung der Grundrechte zu haben schienen. Ihre Politik hat eine ganze Gesellschaft in Geiselhaft gehalten.

POLITIK, DIE SCHOCKWIRKUNG ERZIELEN WILL

Im Frühjahr 2020 gelangte ein als Verschlusssache klassifiziertes Papier aus dem Innenministerium an die Öffentlichkeit. In dem Strategiepapier wurde dargelegt, wie die Bundesregierung mit der Corona-Pandemie umgehen sollte. Obwohl, wie das Portal *abgeordnetenwatch.de* anmerkt, das Papier mehreren Medien vorlag, veröffentlichten diese es nicht (ein weiterer Tiefpunkt in Sachen Journalismus).[6] Das Papier offenbarte, mit welch einer psychologisch perfiden Manipulation das Verhalten der Bürger unter Kontrolle gebracht werden sollte. So heißt es in dem Papier:

»Um die gewünschte Schockwirkung zu erzielen, müssen die konkreten Auswirkungen einer Durchseuchung auf die menschliche Gesellschaft verdeutlicht werden:

1) Viele Schwerkranke werden von ihren Angehörigen ins Krankenhaus gebracht, aber abgewiesen, und sterben qualvoll um Luft ringend zu Hause. Das Ersticken oder nicht genug Luft kriegen ist für jeden Menschen eine Urangst. Die Situation, in der man nichts tun kann, um in Lebensgefahr schwebenden Angehörigen zu helfen, ebenfalls. Die Bilder aus Italien sind verstörend.

2) ›Kinder werden kaum unter der Epidemie leiden‹: Falsch. Kinder werden sich leicht anstecken, selbst bei Ausgangsbeschränkungen, z. B. bei den Nachbarskindern. Wenn sie dann ihre Eltern anstecken, und einer davon qualvoll zu Hause stirbt und sie das Gefühl haben, Schuld daran zu sein, weil sie z.B. vergessen haben, sich nach dem Spielen die Hände zu waschen, ist es das Schrecklichste, was ein Kind je erleben kann.« [7]

Gut, dass das Papier – unabhängig von seiner Umsetzung – seinen Weg an die Öffentlichkeit gefunden hat. Es sollte uns allen eine Lehre sein, worüber hinter den Kulissen von politischer Seite nachgedacht wird und auf welche Weise sie gegebenenfalls bereit ist, vorzugehen. Natürlich ist es geradezu banal anzusprechen, dass Politik mit den Mitteln der Manipulation arbeitet, aber womöglich haben das doch noch nicht alle Bürger begriffen. Selbst Kinder sollten in diesem Papier einer Schockwirkung ausgesetzt werden.

Im November 2020 machte ein »sprachliches Schockbild« des bayerischen Ministerpräsidenten Markus Söder in den Medien die Runde. Söder sagte: »Todeszahlen sind so hoch, als würde jeden Tag ein Flugzeug abstürzen.«[8]

»Die Katastrophe in der Katastrophe, das Drama im Drama. Pandemie und Flugzeugabsturz bildlich in einem Atemzug zusammengefasst – das muss man erst mal hinbekommen«, schrieb ich in meinem Buch *Zombie-Journalismus* zu dieser Äußerung. Solche Aussagen, solche Sprachbilder, die kommen, so die Annahme, nicht aus dem Nichts. Dahinter dürften Sprachspezialisten stehen, die es verstehen, wirkungsvolle Sprachbilder Politikern an die Hand zu geben.

Söders Aussage und die Handlungsempfehlungen in dem durchgestochenen Papier sind nur zwei Beispiele dafür, dass Politik es versteht, die Öffentlichkeit zu beeinflussen. Wie in der Einleitung geschrieben, war die gesamte Bevölkerung den Manipulationen und der Pandemiepropaganda ausgesetzt. All die einzelnen Steuerungsversuche und Maßnahmen, die von der Politik ausgingen, müssen dringend in einem Untersuchungsausschuss erfasst und kritisch analysiert werden.

POLITIKER MACHTEN UNGEIMPFTE ZU PARIA

So wie die gesamte Bevölkerung dem politischen Pandemieterror ausgesetzt war, so hat sich die Politik regelrecht eingeschossen auf Ungeimpfte und Kritiker der Maßnahmen. Es grenzt fast schon an ein Wunder, dass die von politischer Seite erzeugten Spannungen in der Gesellschaft nicht noch weiter eskaliert sind. Die Pandemiepolitik war eine Politik der gesellschaftlichen Spaltung. Auf die Worte der Spaltung folgten die Taten. Ungeimpfte wurden wie Paria, wie Aussätzige behandelt. Restaurantbesuch? Nein. Hotelbesuch? Nein. Sport im Fitnessstudio? Nein. Und ungeimpften Pflegekräften drohte der Jobverlust oder ihnen wurde gekündigt.[9] Welch ein unfassbarer Zustand! Wir wissen, dass Ungeimpfte nicht pauschal eine Gesundheitsgefahr dargestellt haben. Wir können annehmen, dass ihr Ausschluss aus dem gesellschaftlichen Leben im Hinblick auf das Infektionsgeschehen bedeutungslos war. Zumal Geimpfte sich ebenso anstecken und die Infektion übertragen können.

Aber das spielte lange Zeit keine Rolle. Vielmehr ist die Politik so weit gegangen, die Grund- und Menschenrechte regelrecht als Druckmittel einzusetzen, um Bürger zur Impfung zu zwingen. Diese der Verfassung zur Schande gereichende Vorgehensweise bestimmte über lange Zeit das Leben der Menschen in Deutschland. Die Schutzzonen, die einem Staatsbürger in einer Demokratie normalerweise zur Verfügung stehen müssen, waren nicht mehr vorhanden. Vielen Menschen blieb nichts anderes, als sich in eine Art »innere Emigration« zu begeben.

FREIHEIT? JA, IM GEORGE-ORWELL-STIL

Die Politik ging so weit, dass sie den Freiheitsbegriff, unser Verständnis von Freiheit, so umzudefinieren versuchte, dass er in ein Maßnahmenkonzept passte, das zumindest in Teilen als pervers zu bezeichnen ist. Man denke nur daran, dass Menschen mitunter nicht einmal Abschied von ihren im Sterben liegenden Angehörigen nehmen konnten oder ihre in den Altersheimen auf sie wartenden Eltern besuchen durften.

Freiheit war plötzlich nicht mehr das, worüber jeder, durch Grundrechte verbürgt, verfügt, sondern Freiheit war plötzlich, das tun zu müssen, was der Gemeinschaft »dient«. Vom Staatsbürger wurde erwartet, dass er sich sämtlichen Maßnahmen, die ihm von oben aufgezwungen wurden, unterordnet. Eine geradezu Orwellsche Umdeutung des Freiheitsbegriffs war zu beobachten. Der Anspruch auf individuelle Freiheit galt plötzlich als rücksichtsloser Egoismus. Der baden-württembergische Ministerpräsident Winfried Kretschmann bezeichnete die individuelle Freiheit von Maßnahmenkritikern in einem *taz*-Interview als »Eigensinn«, den man »in die Schranken weisen« müsse.[10] Und in der *Frankfurter Allgemeinen Zeitung* verfasste er zusammen mit dem bayerischen Ministerpräsidenten Markus Söder einen Gastbeitrag unter der Überschrift: »Die Impfpflicht schützt die Freiheit«[11]. Allein dieser Beitrag, in dem erzählt wird, nur wenn möglichst viele Bürger sich impfen ließen, könne die Pandemie besiegt werden, bedarf einer eigenen Auseinandersetzung innerhalb der geforderten Untersuchung zum Handeln der politischen Funktionsträger.

EIN DEMOKRATISCHER STAAT MUSS ROTE LINIEN KENNEN

Es waren nicht nur die Maßnahmen als solches. Es war die Art und Weise, wie diese Maßnahmen umgesetzt wurden. Der Staat setzte nicht auf Vernunft, Freiwilligkeit und Kooperationsbereitschaft. Er setzte auf Zwang. Eine freiheitliche Demokratie muss sich damit abfinden, dass es in der gegebenen Situation Bürger geben wird, die sich bestimmten Maßnahmen widersetzen – wenn die Erklärungen vonseiten des Staates nicht schlüssig sind. Ja, er muss akzeptieren, dass, bei einer totalen Umsetzung von Maßnahmen, er als Staat genau in jenen Grenzbereich reinschreitet und ihn gar überschreitet, den er als demokratischer Staat nicht überschreiten darf. Das Gemeinwohl, das er als Begründung zur Umsetzung seines Handelns anführt, hat gewiss einen hohen Stellenwert. Aber wenn er pauschal dem einzelnen Bürgern unterstellt, ein Gesundheitsrisiko darzustellen, wenn er pauschal jeden einzelnen Bürger zur absoluten Disziplin und Gehorsam gegenüber verordneten »Schutz«-Maßnahmen erziehen und zwingen will, dann überschreitet er die roten Linien der freiheitlichen Grundordnung – und zwar ganz unabhängig davon, wie Gerichte, die in der Pandemie den Eindruck hinterlassen haben, der Politik näher als dem Recht zu stehen, das sehen. Und schließlich: Dann, wenn ein Staat anfängt, über Regeln und Zwang zu weit, zu tief in den normalen Lebensalltag der Bürger einzudringen, wenn er so weit geht, dass über Maßnahmen Bürger im Kernbereich ihrer Grundrechte voneinander separiert werden, dann fließt das Faschistische direkt von ihm in die Gesellschaft. Und jene Bürger nehmen es an, die eine Disposition dafür haben.

1 Zitiert nach: Florian Naumann, Kathrin Reikowski, Felix Durach, »Merkel warnt nach Impfgipfel vor ›Übergangsphase‹ – Spahn kündigt Entscheidungs-Termin an«. In: *Waldeckische Landeszeitung*, 27. April 2021, https://www.wlz-online.de/politik/merkel-corona-impfgipfel-deutschland-soeder-laschet-rechte-geimpfte-impfpriorisierung-berlin-zr-90475180.html [Zugriff 02.09.2022]

2 Lukas Zigo, »Steinmeier appelliert in Corona-Pandemie an Ungeimpfte: ›Sie gefährden uns alle!‹«. In: *Frankfurter Rundschau*, 15. November 2021, https://www.fr.de/politik/corona-virus-pandemie-impfung-frank-walter-steinmeier-bundespraesident-deutschland-news-91117159.html [Zugriff 30.08.2022]

3 »Gauck nennt Impfgegner ›Bekloppte‹«. In: *Frankfurter Allgemeine Zeitung*, 11. September 2021, https://www.faz.net/aktuell/politik/inland/joachim-gauck-greift-impfgegner-als-bekloppte-an-17532805.html [Zugriff 30.08.2022]

4 Zitiert nach: https://www.n-tv.de/panorama/Freiheitsverstaendnis-das-andere-beschaedigt-article22971291.html [Zugriff 30.08.2022]

5 »Geimpft oder ungeimpft? ›Es wird einen Unterschied geben‹, sagt Habeck«. In: *welt.de*, 8. August 2021, https://www.welt.de/politik/deutschland/article233005605/Robert-Habeck-Geimpft-oder-ungeimpft-Es-wird-einen-Unterschied-geben.html [Zugriff: 23.09.2022]

6 Das interne Strategiepapier des Innenministeriums zur Corona-Pandemie. In: *abgeordnetenwatch.de*, 7. April 2020, https://www.abgeordnetenwatch.de/recherchen/informationsfreiheit/das-interne-strategiepapier-des-innenministeriums-zur-corona-pandemie [Zugriff: 23.09.2022]

7 *abgeordnetenwatch.de*: »VS-NUR FÜR DEN DIENSTGEBRAUCH 1. Wie wir COVID-19 unter Kontrolle bekommen«, https://www.abgeordnetenwatch.de/sites/default/files/media/documents/2020-04/bmi-corona-strategiepapier.pdf [Zugriff: 23.09.2022]

8 Zitiert nach: *welt.de*, 25. November 2020, https://www.welt.de/politik/deutschland/article220993632/Markus-Soeder-Todeszahlen-so-hoch-als-wuerde-jeden-Tag-ein-Flugzeug-abstuerzen.html [Zugriff: 23.09.2022]

9 Friederike Bloch. In: *Medwing*, 15. Februar 2021, https://medwing.com/DE/de/magazine/artikel/pflegekraefte-ohne-corona-impfung-kuendigung/ [Zugriff: 01.10.2022]

10 Benno Stieber, Peter Unfried, »Kretschmann über Klima und Pandemie: ›Eigensinn in die Schranken weisen‹«. In: *taz*, 27. Dezember 2021, https://taz.de/Kretschmann-ueber-Klima-und-Pandemie/!5817676/ [Zugriff 30.08.2022]

11 Winfried Kretschmann, Markus Söder, »Die Impfpflicht schützt die Freiheit«. In: *Frankfurter Allgemeine Zeitung*, 22. November 2021, https://www.faz.net/aktuell/politik/inland/corona-impfpflicht-von-soeder-und-winfried-kretschmann-gefordert-17647078.html [Zugriff 30.08.2022]

JUSTIZ

»Ich bin nahe dran zu sagen: Der Gesetzgeber ist in Ermangelung anderer effektiver Möglichkeiten nicht nur berechtigt, sondern verpflichtet, eine Impfpflicht einzuführen. [...] Es ist ein kleiner Pieks für den Einzelnen für die große Freiheit aller.« [1]

Peter Biesenbach, ehemaliger Justizminister von Nordrhein-Westfalen (CDU)

Dürfen wir uns in diesem Land, wenn unsere Grundrechte massiv angegriffen werden, darauf verlassen, dass neutrale Gerichte, die im Sinne des Rechts Recht sprechen, uns beistehen und vor Übergriffen des Staates schützen? Nein. Seit Beginn der Pandemie können wir uns darauf nicht mehr verlassen. Unsere Wahrnehmung ist: Ein beachtlicher Teil der Richter hat, wenn es um die Corona-Maßnahmen geht, nicht mehr Recht im Sinne des Rechts gesprochen, sondern im Sinne der Politik (oder unter Einfluss seiner eigenen Virusangst). Die Rechtsprechung war – in weiten Teilen – politisch. Und damit ist eine tragende Säule unserer Demokratie zerfallen. Viele Bürger haben versucht, sich über den Rechtsweg gegen Corona-Maßnahmen wie die Maskenpflicht oder Ausgangsbeschränkungen zu wehren. In großer Zahl haben Gerichte im Eilverfahren Maßnahmen gehalten und das Rechtsbegehren der Bürger in ein zu einem späteren Zeitpunkt stattfindenden Hauptsacheverfahren verlagert. Und dort ging es oft genauso weiter: Maßnahmen, so befanden die Gerichte, waren »rechtens«.

EINE SCHWERE RECHTSKRISE

Die Rechtsanwältin Jessica Hamed, die in mehreren Bundesländern für ihre Mandanten gegen die Corona-Maßnahmen vorgegangen ist, spricht in einem Interview mit der *Frankfurter Rundschau*[2] im Januar 2021 von einer Rechtskrise: »Die Rechtsprechung der Verwaltungsgerichte ist – wohl als Folge des Ausfalls der Legislative – ihrer Funktion als Kontrollinstanz staatlichen Handelns nicht nachgekommen. Hunderte Eilverfahren richteten sich im November gegen Betriebsschließungen und Untersagungen. Obwohl es spätestens zu diesem Zeitpunkt evident war, dass es für derartige eingriffsintensive Maßnahmen noch nicht einmal eine ausreichende Rechtsgrundlage gab, gewährten die Gerichte nur in Ausnahmefällen Rechtsschutz. Statt von Recht und Gesetz ließen sie sich offenbar von gesamtgesellschaftlichen Erwägungen und einer öffentlich eingeforderten außerrechtlichen Moralisierung leiten.«

Und Hamed führt weiter aus: »Keine der drei Gewalten, also Legislative, Judikative und Exekutive, wurde der Corona-Krise bislang gerecht. Die vornehmste Gewalt des Staates ist die Legislative. Sie ist die einzige direkt gewählte Gewalt und daher auch als einzige dazu berufen, alle grundlegenden Entscheidungen zu treffen, die wesentlich in die Grundrechte eingreifen. Und genau diese Gewalt, also die Parlamente, hat sich hier völlig aus dem Spiel genommen und das Handeln, das Entscheiden nahezu vollständig der Exekutive überlassen, von der Bundesregierung hinab bis zur Gemeindeverwaltung.«

Das sind die Aussagen einer erfahrenen Anwältin, die mit beiden Beinen auf dem Boden des Grundgesetzes steht. Wenn alle drei Gewalten einer Krise nicht gerecht werden, dann kommt das für einen demokratischen Staat einer Bankrotterklärung gleich. Die Gewalten, deren Aufgabe es auch ist, sich gegenseitig zu kontrollieren, sind dieser Aufgabe nicht nachgekommen. Die Exekutive, also die ausführenden Organe, hatten, um es salopp zu sagen: Narrenfreiheit! Sie konnten nahezu schalten und walten, wie sie wollten, was die Einhaltung von Maßnahmen und Verstöße gegen sie anging.

Der Jurist Alexander Christ, Autor des Buches *Corona-Staat*, findet ebenfalls deutliche Worte: »In der gegenwärtigen Corona-Situation erleben wir die Liquiditation des Rechts [...] wie unter einem Brennglas. Als Angehöriger der Rechtspflege [...] kann ich nicht umhin festzustellen, dass im Verlauf von zwei Jahren das Recht systematisch zerstört worden ist. Jedenfalls das, was wir als Juristen bis 2019 als ›das Recht‹ kannten.«[3]

Es ließen sich viele weitere Aussagen von juristischer Seite anführen, die zu einem vernichtenden Urteil im Hinblick auf die Corona-»Rechtsprechung« in Deutschland kommen. Das wird, hoffentlich, Gegenstand einer entsprechenden Aufarbeitung in Sachen Justizverhalten sein.

Wir halten fest: Grundrechtseingriffe, ermöglicht durch Rechtsverordnungen, die mehr Löcher haben als ein Schweizer Käse, sind von Gerichten durchgewinkt worden. In einem Hintergrundgespräch, das ich [M.K.] mit einem bekannten Verwaltungsrechtler geführt habe, sagte dieser sinngemäß: Man müsse auch Verständnis für die Richter haben. Schließlich liege eine enorme Verantwortung auf ihren Schultern. Was wäre zum Beispiel, wenn ein Richter Maßnahmen als nicht rechtens bewerte und sich dann die Infektionen ausbreiten würden?

Diesen Einwand habe ich öfter in diesen oder ähnlichen Worten gehört. Richter sind, gewiss, Menschen und können Angst haben, zum Beispiel vor einem Virus. Aber ich kann diesem Einwand trotzdem nicht folgen. Wenn ein Polizist, dessen Aufgabe es ist, die Menschen in diesem Land zu schützen, zu einem Amoklauf gerufen wird, ist es aus menschlicher Sicht selbstverständlich nachzuvollziehen, wenn dieser Polizist Angst hat und sich vor dem Einsatz drückt. Allerdings hat er dann den falschen Beruf gewählt. Die

Bürger verlassen sich darauf, dass Polizisten auch zu schwersten Einsätzen kommen und gegebenenfalls bereit sind, ihr Leben aufs Spiel zu setzen. Schließlich hängt in so einem Fall eben auch das Leben der Bürger vom Handeln oder Nichthandeln eines Polizisten ab.

Nicht anders ist es mit den Gerichten. Ob jemand persönlich Angst hat vor einem Coronavirus hat, ob der Druck vonseiten der Politik immens ist, das kann und darf nicht die Urteilsfähigkeit eines Richters, der sich am Recht und nicht an der Politik zu orientieren hat, behindern. So sehr man auf Ebene des Individualstrafrechts einem Richter einen etwas »gedehnten« Handlungsspielraum zugestehen möchte (»Gnade vor Recht«, »ein Auge zudrücken«), so ist es doch von elementarer Bedeutung, dass sich die Gerichte im Rahmen des Rechts bewegen. Wer die Maskenpflicht auf dem Parkplatz eines Supermarkts für rechtens erklärt, wer einen Beschluss verfasst, wonach die Ausgangsbeschränkungen dem Gesetz entsprochen haben, wer als Richter zu dem Ergebnis kommt, dass die einrichtungsbezogene Impfpflicht im Hinblick auf den hochumstrittenen Corona-Impfstoff rechtens ist, muss sich fragen lassen, über welches Rechtsverständnis er eigentlich verfügt.

DER VERLÄNGERTE ARM DER POLITIK

Dass es in der Pandemie einen massiven Einfluss vonseiten der Politik auf die Gerichte gegeben haben muss, liegt auf der Hand. Jeder weiß, dass die Justiz chronisch überlastet ist. Schwerverbrecher müssen mitunter auf freien Fuß gesetzt werden, weil Gerichte nicht mit der Bearbeitung der Fälle hinterherkommen. Mit anderen Worten: Die Justiz hätte gewiss Wichtigeres zu tun, als Bürger, die einen gefälschten Impfpass benutzen, oder Ärzte, die ohne berechtigten Anlass Maskenatteste ausstellen, mit aller Härte des Rechtsstaates zu verfolgen. Wer bei *Google* mit den Begriffen »Arztpraxis« +

»durchsucht« + »Maskenattest« oder »falsches Impfzeugnis« eine Suche startet, findet zahlreiche Beiträge, die das Ausmaß des staatlichen Vorgehens gegen diese als »hochkriminell« betrachteten Bürger und Ärzte offenbaren. Es gab Razzien bei Ärzten in deren Praxen und Privatwohnungen, Patientenakten, die der Verschwiegenheitspflicht unterliegen, wurden beschlagnahmt, ebenso Computer, Handys und andere Datenträger. Wegen Vergehen, die, wenn sie denn überhaupt vorlagen, als geringfügig einzuschätzen sind. Anders gesagt: Der Staat hat mit Kanonen auf Spatzen geschossen. Wie aber kommen die Behörden vor Ort, wie kommen die Staatsanwaltschaften dazu, solch ein Vorgehen zu legitimieren, wenn es nicht entsprechende Anweisungen von politischer Seite gegeben hat?

Die Justiz, so können wir es nur deuten, wurde zum verlängerten Arm der Politik. Welch eine Schande für den Rechtsstaat! Als vor gar nicht langer Zeit einer unserer Mitbürger, Gustl Mollath, über sechseinhalb Jahre, gegen seinen Willen, in einer geschlossenen Psychiatrie untergebracht war, mussten, als der Skandal zum Vorschein kam, Politiker förmlich gedrängt werden, sich über denn Fall näher zu informieren. Viele weigerten sich, Stellung zu beziehen, schließlich: Politik könne sich ja nicht in die Arbeit der Justiz einmischen.[4] Ja, das stimmt. Und die Politik war schon immer sehr gut darin, sich alles so zurechtzubiegen, wie es ihr gerade passt.

Der hier geäußerten Kritik dürften zahlreiche »Vertreter« des Rechtsstaates wahrscheinlich vehement widersprechen. So gab zum Beispiel der Präsident des Bundesverfassungsgerichts im Oktober 2020 ein Interview zu dem Thema Verhalten der Justiz in Sachen Corona-Maßnahmen. Unter der Überschrift »Verfassungsgerichspräsident Harbarth: ›Corona zeigt, dass der Rechtsstaat funktioniert‹«[5] erfahren wir von dem hohen Richter: »[...] wenn man die Robe anzieht, ist das immer ein ganz besonderer Moment. Er erfüllt einen mit großer Demut. Die Robe symbolisiert, dass die Privatperson zurücktritt und sie in ein öffentliches Amt hineintritt.«

Das »öffentliche Amt« ist ein gutes Stichwort. Damit rückt die Verantwortung, die jemand in der Position eines Verfassungsrichters trägt, in den Fokus. Verantwortung soll und muss hier natürlich auch heißen: Abstand zur Politik halten! Damit nicht einmal im Ansatz der Verdacht der Befangenheit aufkommen kann.

Doch genau dieser Verdacht kam auf. Am 30. Juni 2021 reisten alle (!) Richter des Bundesverfassungsgerichts zu einem exklusiven Abendessen mit Bundeskanzlerin Angela Merkel nach Berlin. Die *Welt* schrieb seinerzeit: »Thema war dabei, wie *Welt am Sonntag* berichtete, auch die Corona-Politik – trotz laufender Verfahren am Bundesverfassungsgericht. Auch Verfassungsrichterin Susanne Bae hielt einen Vortrag.«[6]

Der Vorfall ging rasch durch die Presse, insbesondere aufseiten der Maßnahmenkritiker war die Empörung groß. Bevor die Karlsruher Richter ihre zu jener Zeit anstehenden Entscheidung zur sogenannten Bundesnotbremse fällten, entschieden sie aber zuerst in eigener Sache.[7] Eine Befangenheit sah das Gericht nicht, schließlich sei das Gericht »permanent mit Verfahren befasst, die das Handeln der Regierung beträfen. Würde ein Treffen Zweifel an der Unvoreingenommenheit begründen, wäre ein Austausch unmöglich. Ein solches Misstrauen widerspreche auch dem grundgesetzlich und einfachrechtlich vorausgesetzten Bild des Verfassungsrichters.«[8]

Mit anderen Worten: Nein, jeglicher politischer Einfluss ist auszuschließen, die Bundesverfassungsrichter schweben allein schon dadurch, dass sie Bundesverfassungsrichter sind, über den »Dingen«. Und deshalb beschlossen sie dann im November 2021, dass die Bundesnotbremse – Achtung, Überraschung – rechtens war. Stephan Harbarth, der, wohlgemerkt, laut NZZ ein Duzfreund von Merkel sein soll[9], und seine Richterkollegen entschieden, dass Ausgangs- und Kontaktbeschränkungen »in der äußersten Gefahrenlage der Pandemie«[10] mit dem Grundgesetz im Einklang standen, und in einem weiteren Verfahren wiesen die Richter dann auch die Klagen von Eltern und Schülern im Zusammenhang mit den

Schulschließungen ab. Im Mai erfolgte schließlich noch die höchstrichterliche Absegnung der einrichtungsbezogenen Impfpflicht. Zwar sei diese Impfpflicht ein Eingriff in die körperliche Unversehrtheit, aber der Zweck, den sie verfolge, nämlich die Alten und Kranken vor dem Coronavirus zu schützen, sei wichtiger.[11] Das Gericht stützte sich dabei auf die Annahme von Fachleuten, wonach Geimpfte sich seltener infizierten, das Virus seltener übertragen und auch nicht so ansteckend seien wie Ungeimpfte.[12]

Noch Fragen?

1 Henning Rasche, »NRW-Justizminister regt 2G-Regel am Arbeitsplatz an«. In: *RP ONLINE*, 4. Dezember 2021, https://rp-online.de/politik/deutschland/impfpflicht-nrw-justizminister-peter-biesenbach-fuer-2g-am-arbeitsplatz_aid-64426985 [Zugriff 02.09.2022]

2 Katja Thorwarth, »Juristin kritisiert Corona-Lockdown: ›Meilenweit vom evidenzbasierten Handeln entfernt‹«. In: *Frankfurter Rundschau*, 18. Januar 2021, https://www.fr.de/politik/corona-lockdown-kritik-pflegeheime-rechtsstaat-jessica-hamed-rechtsanwaeltin-90164734.html [Zugriff 30.08.2022]

3 Alexander Christ, *Corona-Staat. Wo Recht zu Unrecht wird, wird Menschlichkeit zur Pflicht,* Rubikon, München 2022, S. 17

4 Vgl. Sascha Pommrenke, Marcus Klöckner, *Staatsversagen auf höchster Ebene: Was sich nach dem Fall Mollath ändern muss,* Westend, Frankfurt am Main 2013

5 Daniela Vates, Steven Geyer, »Verfassungsgerichtspräsident Harbarth: ›Corona zeigt, dass der Rechtsstaat funktioniert‹«. In: *RedaktionsNetzwerk Deutschland,* 10. Oktober 2020, https://www.rnd.de/politik/verfassungsgerichts-prasident-harbarth-corona-zeigt-dass-der-rechtsstaat-funktioniert-U4AX4JERMNEK7O6B2MLF5DUWXE.html [Zugriff 30.08.2022]

6 »Abendessen im Kanzleramt - Befangenheitsantrag gegen Verfassungsrichter abgelehnt«. In: *welt.de* 18. Oktober 2021, https://www.welt.de/politik/deutschland/article234481252/Corona-Dinner-im-Kanzleramt-Befangenheitsantrag-gegen-Verfassungsrichter-abgelehnt.html [Zugriff 30.08.2022]

7 Bundesverfassungsgericht, »Erfolgloser Befangenheitsantrag im Verfahren zu Vorschriften des Vierten Bevölkerungsschutzgesetzes (›Bundesnotbremse‹)«, Beschluss vom 12. Oktober 2021, Pressemitteilung Nr. 90/2021 vom 18. Oktober 2021, https://www.bundesverfassungsgericht.de/SharedDocs/Pressemitteilungen/DE/2021/bvg21-090.html [Zugriff 30.08.2022]

8 Bundesverfassungsgericht, Unzulässiges Ablehnungsgesuch gegen die Mitglieder des Zweiten Senats, Pressemitteilung Nr. 63/2021 vom 21. Juli 2021, https://www.bundesverfassungsgericht.de/SharedDocs/Pressemitteilungen/DE/2021/bvg21-063.html [Zugriff: 23.09.2022]

9 Fatina Keilani, »Waren Ausgangssperren und Schulschliessungen rechtens? Karlsruhe verkündet endlich Entscheidungen«. In: *Neue Zürcher Zeitung,* 30. November 2021, https://www.nzz.ch/international/bundesnotbremse-vor-gericht-wer-ist-stephan-harbarth-ld.1657135?reduced=true [Zugriff: 30.09.2022]

10 Vincent Büssow, »Bundesverfassungsgericht über Notbremse: FDP schließt Schulschließungen nicht aus«. In: *Frankfurter Rundschau,* 1. Dezember 2021, https://www.fr.de/politik/bundesverfassungsgericht-corona-bundes-notbremse-lockdown-entscheidung-bund-laender-treffen-news-zr-91146160.html [Zugriff 30.08.2022]

11 Gigi Deppe, »Einrichtungsbezogene Impfpflicht ist zulässig«. In: *tagesschau.de,* 19. Mai 2022, https://www.tagesschau.de/eilmeldung/einrichtungsbezogene-impfpflicht-bundesverfassungsgericht-101.html [Zugriff 30.08.2022]

12 Ebd.

MEDIEN

»Was es jetzt braucht, ist nicht mehr Offenheit, sondern ein scharfer Keil. Einer, der die Gesellschaft spaltet. [...] Richtig und tief eingeschlagen, trennt er den gefährlichen vom gefährdeten Teil der Gesellschaft.« [1]

Christian Vooren, Redakteur im Ressort Politik, Wirtschaft, Gesellschaft von *ZEIT Online*

Eine Schande. Eine erbärmliche journalistische Schande. Wie sonst wollte man das, was viele Medien in der Corona-Krise als »Berichterstattung« abgeliefert haben, bezeichnen? Von einem kritischen Journalismus konnte über einen langen Zeitraum so gut wie nicht die Rede sein. Dafür agierten Journalisten als Hetzer und zeigten, dass es in unseren Medien regelrechte faschistische Keimzellen gibt. Sie haben angesichts der schwersten Grundrechtseinschränkungen seit Bestehen der Republik nicht etwa Alarm geschlagen. Nein, sie haben mit ihren Mitteln dabei geholfen, selbst die schwersten Grundrechtseingriffe zu legitimieren und schönzureden. Sie haben bei der Drangsalierung, Erniedrigung und Bedrohung der Ungeimpften mitgemacht und darüber hinaus die Stimmung noch angeheizt und die Gesellschaft durch ihre Worte noch mehr gespalten. Die Stimmungsmache kam aus dem Zentrum des Journalismus, aus den sogenannten Qualitätsmedien. Was das bedeutet, kann vielleicht nur derjenige richtig verstehen, gegen den die Stimmungsmache bis hin zur Hetze gerichtet war.

DRAUFTRETEN AUF DEN, DER AM BODEN LIEGT

Wir alle wissen: Bisweilen verhalten sich Medien wie ein Rudel Wölfe. In der Regel konzentrieren sie sich auf eine Person, die sie regelrecht jagen. Oft sind es mehr oder weniger prominente Persönlichkeiten, die meistens aufgrund von realen oder so empfundenen moralischen Grenzüberschreitungen zum Jagdobjekt der Medien werden. Journalisten sind nicht selten ziemlich feige. Sie greifen in aller Regel diejenigen an, die entweder bereits vom »Thron« gestürzt sind oder deren »Thron« zumindest offensichtlich wackelt. Eben wie ein Raubtier, das sich das schwache Tier in einer Herde aussucht. Insbesondere dann, wenn die Beute erst einmal gestürzt ist, gibt es oft kein Halten mehr. Ob das nun, wie auch immer man zu diesen Personen steht, Uli Hoeneß, Jörg Kachelmann, Christian Wulff, Thomas Middelhoff oder »arme Teufel« aus der zweiten oder dritten Reihe unserer Gesellschaft sind: Wenn die Beute auf dem Boden liegt, stürzen sich immer wieder Journalisten drauf und »zerreißen« sie ihren Möglichkeiten gemäß vor aller Öffentlichkeit. So haben sich viele Journalisten auch gegenüber Ungeimpften verhalten. Draufhauen, weil sie es konnten!

Über die Funktionsweisen der Medien und ihren kaum noch zu ertragenden verlotterten Zustand sind in den vergangenen Jahren mehrere wichtige Bücher geschrieben worden. Wir möchten an dieser Stelle nur einige erwähnen: Uwe Krüger *Meinungsmacht. Der Einfluss von Eliten auf Leitmedien und Alpha-Journalisten – eine kritische Netzwerkanalyse* (2013), Udo Ulfkotte, *Gekaufte Journalisten. Wie Politiker, Geheimdienste und Hochfinanz Deutschlands Massenmedien lenken* (2014), Ulrich Teusch, *Lückenpresse. Das Ende des Journalismus, wie wir ihn kannten* (2016), Jens Wernicke, *Lügen die Medien? Propaganda, Rudeljournalismus und der Kampf um die öffentliche Meinung* (2017), Michael Meyen, *Breaking News: Die Welt im Ausnahmezustand. Wie uns die Medien regieren* (2018) und *Die Propaganda-Matrix. Der Kampf für freie Medien entscheidet über unsere Zukunft* (2021), Marcus Klöckner, *Sabotierte Wirklichkeit oder wenn Journalismus zur Glaubenslehre wird* (2019) und *Zombie-Journalismus. Was kommt nach dem Tod der Meinungsfreiheit?* (2021) oder von Richard David Precht und Harald Welzer *Die vierte Gewalt. Wie Mehrheitsmeinung gemacht wird, auch wenn sie keine ist* (2022). Ganz zu schweigen von all den brillanten Werken aus den Jahrzehnten davor, wie etwa Pierre Bourdieus *Über das Fernsehen* und Niklas Luhmanns *Die Realität der Massenmedien*.

Kurzum: Sowohl auf wissenschaftliche als auch populärwissenschaftliche Weise sind Medien und ihre Funktionsweisen durchleuchtet worden. Vielen dieser Bücher ist gemein, dass sie aufzeigen, wie schwer die Schieflage in unserem Mediensystem ist, wie schlimm es um den Journalismus in der Breite bestellt ist und wie weitreichend die Folgen für unsere Demokratie, für unsere Gesellschaft und in der Konsequenz für jeden Einzelnen sind. Gewarnt haben viele vor den Folgen eines Journalismus, der aufgrund seiner inneren Verwerfungen nicht mehr in der Lage ist, seine so wichtige Funktion, die er in einer Demokratie innehat, zu erfüllen. Journalisten sind häufig mit der vorherrschenden Politik weltanschaulich und emotional so eng verbunden, dass es ihrer Kernaufgabe, staats- und herrschaftskritisch zu berichten, abträglich ist.

In der Pandemie, aber auch jetzt, sehr schlimm, in Sachen Ukraine-Krieg, hat sich bestätigt, wie angebracht die Warnungen vor einem Journalismus sind, der insbesondere bei den großen gesellschaftlichen und politischen Themen seine Aufgaben nicht mehr erfüllt. Die Angst und Panik in der Bevölkerung und in der Konsequenz: die Durchsetzung der schweren Grundrechtseingriffe über einen langen Zeitraum hätte es ohne die realitätsverzerrenden Medien nicht gegeben.

EIN CORONA-TOTER WAR NUN MAL EIN CORONA-TOTER

Von dem Moment an, als über die großen Nachrichtenagenturen »Angstimpulse« in das globale Mediensystem eingespeist wurden, setzten in vielen Redaktionen der kritische Verstand und die kritische Distanz zum Thema Corona aus. Eine geradezu apokalyptische Stimmung erzeugend, erweckten Medien den Eindruck, die Ausbreitung des Virus bedeutete für Deutschland und die ganze Welt eine Katastrophe, wie es sie noch nie zuvor auf dem Planeten gegeben habe. Die »Berichterstattung« war maximal alarmistisch. Der erste Fall in Deutschland – Patient »Zero«. Der zweite Fall. Der dritte. Der vierte. Der erste Fall in Berlin. Der zweite in Berlin. Der erste Fall in Stuttgart. Der zweite. Der erste Tote. Der zweite. Überall, in nahezu allen nachrichtlichen Medien, wurde die Bevölkerung durch die Meldung von Infektionszahlen und Todesfällen verunsichert. Nun lässt sich einwenden, dass diese Informationen doch für die Bürger von großer Relevanz gewesen seien, da schließlich so jeder Einzelne selbst die Gefahr einer Ansteckung für sich habe einordnen können. Vordergründig klingt dieser Einwand erst mal vernünftig. Allerdings: Was hatten diese Zahlen denn zu bedeuten? Wie wären sie nach einer kritischen Einordnung zu bewerten gewesen? Und nicht zuletzt: Auf welcher wissenschaftlich fundierten Basis wurden sie erhoben?

Auf die erste Frage, der nach der Bedeutung der Zahlen, kannte der »Qualitätsjournalismus« nur eine Antwort: Angst! Die Zahlen bedeuteten nichts anderes als ein massives Infektionsgeschehen und damit eine Gefahr auf Ebene einer Zombie-Apokalypse. Die von den Behörden veröffentlichten Zahlen wurden nicht einmal im Ansatz auf Glaubwürdigkeit hinterfragt. Ein Corona-Toter war nun mal ein Corona-Toter. Das war das schlichte Niveau, auf dem sich nahezu der gesamte Journalismus bewegt hat. Die ja nun nicht so ganz unwichtige Unterscheidung, ob ein Bürger »an« oder »mit« Corona verstorben ist, ob er schwere Vorerkrankungen hatte usw., spielte über Monate keine Rolle. Wie so oft waren es kritische Stimmen in alternativen (Internet-)Medien, die schon früh darauf aufmerksam gemacht haben, wie notwendig eine kritische Einordnung der Zahlen ist. Erst allmählich und unter Zähneknirschen begannen dann auch die Mainstreammedien, die Präpositionen »an« und »mit« im Zusammenhang mit den Corona-Todesfällen zu gebrauchen. Nicht anders war es in Sachen »Inzidenzen«. Wenn heute in einer Stadt 100 Corona-Fälle gemeldet wurden und einen Tag später 200, dann hatten sich, laut Qualitätsjournalismus, die Ansteckungen verdoppelt. Schließlich, rein arithmetisch betrachtet, sind 200 doppelt so viel wie 100. Für Medien war dieser Anstieg gleich »dramatisch« und, gewiss, dementsprechend angstschürend fiel dann auch die »Berichterstattung« aus. Entsprechend kamen auch kaum Stimmen zu Wort, die mit einer kritischen Beurteilung des Infektionsgeschehens mäßigend hätten wirken können. Im Gegenteil: Experten und Politiker wurden zitiert und gehört, die den eingeschlagenen Panikkurs – Achtung, hier das Wort – mitmachten! Ja, Journalisten und Experten haben »mitgemacht« im Angst- und Panikorchester. Aber nicht nur das, sie haben selbst Angst und Panik erzeugt. Und waren damit im besten Einvernehmen mit der Politik.

KRITISCHE FRAGEN GESTELLT? QUERDENKER!

In der Medienkritik und in der Journalismusforschung geht es schon seit Langem um die Kernfrage, in welchem Verhältnis Politik und Medien zueinander stehen beziehungsweise wer da eigentlich wen determiniert. Bestimmen Politiker, wie Medien berichten und funktionieren? Oder bestimmen Journalisten, wie die Politik sich gestaltet und wie Politiker sich verhalten? Kurz gefasst lässt sich sagen, dass es natürlich ein wechselseitiger Prozess ist und die Einflüsse sowohl von dem journalistischen Feld auf das politische als auch umgekehrt real und sehr massiv sind. In komplexen Prozessen bedingt die eine Seite das Handeln der anderen. Während der Pandemie war jedoch zu beobachten, dass Medien die Politik mitunter regelrecht vor sich hergetrieben haben. Vielen Journalisten konnten die Maßnahmen gar nicht weit genug gehen. Schneller, mehr, härter: Das war in etwa die Ausrichtung der Berichterstattung. Das Hinterfragen von »steigenden« oder »fallenden« Inzidenzen wäre dabei nur hinderlich gewesen. Man erweckte lieber den Eindruck, als hätten die Inzidenzen eine Art Eigenleben, als seien sie ein lebender Organismus, der zu einem eigenen Handeln fähig wäre (steigen/fallen), und keine von Menschen erhobenen Zahlen, aus denen man eine Statistik konstruiert. (Und wir wissen ja: Jede Statisktik bedarf der Interpretation.) Vergleichbares gilt für die PCR-Tests: Wie war die Bezugsgröße »Anzahl der Tests«, wie sauber wurde die Anzahl der Testungen erfasst und – Achtung, Ketzerfrage – wie zuverlässig sind diese Tests überhaupt, was können sie eigentlich im Hinblick auf diagnostische Zwecke? Wer es wagte, Fragen dieser Art zu stellen oder auch nur leiseste Zweifel anzumelden, wurde in den Medien umgehend als Querdenker und Verschwörungstheoretiker bezeichnet und damit per se als inkompetent ins Aus befördert. Selbst im März 2021, also ein Jahr nach dem Ausbruch der Pandemie in Deutschland, schienen die mittlerweile offensichtlichen Schieflagen bei der Erfassung der Inzidenzen niemanden im Mainstream zu stören. Stattdessen war eine unkritische Fixierung auf Inzidenzen allgegenwärtig.

Damals habe ich für das Online-Magazin *Multipolar* einen Artikel geschrieben, der die Überschrift »Inzidenzen: Schattenfechten im Lockdown« trägt. Im Vorspann heißt es: »›In Deutschland hat die dritte Welle schon begonnen‹ – so aktuell Lothar Wieler, Präsident des Robert Koch-Institutes (RKI). Doch wie genau erfassen Landkreise und Städte eigentlich das Infektionsgeschehen? Eine Multipolar-Recherche zeigt, dass zentrale Daten nicht vorhanden sind oder nicht herausgegeben werden. Die Antworten des

RKI sind teils irreführend. Wie ist das einzuordnen? Und ist es überhaupt korrekt, bei den vorliegenden Zahlen von ›Inzidenzen‹ zu sprechen?«[2]

Der Statistikexperte Gerd Antes kritisierte das Fehlen einer systematischen Erfassung der Tests: »Die Tests liefern für allgemeine Aussagen keine belastbaren Zahlen. Deshalb sind alle Zahlen, die aus diesen Tests abgeleitet werden, grundsätzlich mit Vorsicht zu genießen und schlimmstenfalls grob falsch.«[3]

Noch einmal: »schlimmstenfalls grob falsch«, sagte Antes. Wie ignorant gegenüber der Verpflichtung, einen kritischen Journalismus abzuliefern, muss eine gesamte Medienlandschaft gewesen sein, dass selbst noch ein Jahr nach dem Corona-Ausbruch in Deutschland ein Statistikexperte auf die Probleme der Testerfassung hinweisen muss? Hätten Medien von Anfang an Todeszahlen, Tests und Inzidenzen hinterfragt, dann hätte die Politik sich diesen Fragen stellen müssen – und vielleicht hätte der Wahnsinn dann schnell ein Ende gefunden.

Aber das »Mitmachen« im kollektiven »Kampf gegen die Pandemie« war den Medien wichtiger als die kritische Dekonstruktion jener Bedingungen, die das »Pandemiegeschehen« vorgeblich »sichtbar« gemacht haben. Wobei: Das ist eine Lesart. Eine andere wäre, dass Journalisten vielleicht tatsächlich nicht einmal im Ansatz daran gedacht haben, die Inzidenzen usw. zu hinterfragen. Das wäre dann wirklich der Gau für den Journalismus. Wie auch immer es nun war: Was auf der einen Seite an kritischem Output fehlte, wurde auf der anderen Seite durch Hetze gegenüber jenen geschürt, die mehr oder weniger die Aufgaben von Journalisten übernommen und kritische Fragen gestellt haben.

STIMMUNG SCHÜREN, HETZEN

»Covidioten«, »Corona-Leugner«, »Aluhüte«, »Verschwörungstheoretiker« – das waren zentrale Kampfbegriffe, die Journalisten zur Delegitimierung des politischen Protests gewählt haben. Es wäre eine interessante Untersuchung, mal die Archive einzelner Medien auf diese Begriffe ab März 2020 zu durchsuchen. Sie schallten über alle Kanäle quer durchs Land. Wer den Sinn und Zweck des Tragens einer Maske hinterfragte, war ein Covidiot. Wer die Gefährlichkeit des Virus perspektivieren wollte, war ein Corona-Leugner. Wer auf Pandemieplanspiele (Event 201)[4], wer auf die Möglichkeit, dass das Virus aus einem Labor stammt, hinweisen wollte, war ein Verschwörungstheoretiker und ein Aluhut. Das war, so unfassbar und bedauerlich es auch ist, tatsächlich das Niveau, auf dem sich ein Großteil der Medien bewegte. Passenderweise hat sogar *Facebook* kritische Kommentare von Nutzern, die zum Beispiel auf die »Laborthese« hinwiesen, gelöscht. Ein Aufschrei vonseiten der »freien« Presse, die bei solch einem Vorgehen eigentlich laut intervenieren müsste (weil die Herkunft des Virus eben noch nicht gesichert war – was sie bis heute nicht ist), war nicht zu hören. Im Gegenteil.

Die Grundstimmung aufseiten der Presse im Hinblick auf die Frage, woher das Virus stammte, war so wie generell in Sachen Kritik an den Maßnahmen: Alles, was in irgendeiner Art und Weise die Gefahr des Virus relativierte oder seine Herkunft nicht auf einen natürlichen Ursprung zurückführen würde, sollte niedergemacht werden. Es spricht Bände, dass der Hamburger Physikprofessor Roland Wiesendanger im Februar 2021 für Wirbel in der deutschen Medienlandschaft sorgte, indem er eine Untersuchung veröffentlichte, die die These vom Ursprung des Virus aus einem Labor untermauert. Mit anderen Worten: Was er zusammengetragen hat, die zahlreichen Hinweise, die Zusammenhänge, usw., die die Laborthese zumindest wahrscheinlicher machen, hätte eigentlich von Journalisten kommen müssen. Wo war die Qualitätspresse diesbezüglich?

Die Antwort kann nur lauten: Arbeitsverweigerung! Im Sinne ihres eigenen Wahrheitsanspruchs hätte die Frage, woher das Virus stammt, ganz oben in allen Medien stehen und nicht nur mal so zwischendurch, fast schon verschmäht, thematisiert werden müssen. Wenn Medien schon so berichten, dass die Zombie-Apokalypse über den Erdball rauscht, dann wäre es doch aus journalistischer Sicht zwingend notwendig, den Ursachen für diese Zombie-Apokalypse mit allen ihnen zur Verfügung stehenden Mitteln nachzuspüren. Aber, salopp gesagt: Da beißt sich die Katze in den Schwanz. Warum sollen Journalisten einer Wahrheit hinterherspüren, die möglicherweise ihrem Kernnarrativ und ihren weltanschaulichen Überzeugungen in die Quere kommen könnte? Der Weltbildjournalismus unserer Zeit zeigt eben nur ein sehr beschränktes Interesse an der Wahrheit. Solange sie in das eigene Weltbild passt: Prima! Wenn nicht, verbiegen Qualitätsmedien lieber die Realität so, dass eine weltbildentsprechende Medienwahrheit entsteht. Das ist hochgradig gestört und dysfunktional.

SIE HABEN DEN JOURNALISMUS PERVERTIERT

Der Kernproblem, das hier zum Vorschein kommt, lautet also: Medien versagen auf inhaltlicher Ebene und praktizieren zugleich einen stimmungsschürenden Journalismus, der auf Ausgrenzung, Abwertung und Diskriminierung eines Teils der Bevölkerung angelegt ist. Zu einer noch schlimmeren Schlussfolgerung lässt sich eigentlich kaum kommen.

Wie haben sich wohl all diejenigen Bürger gefühlt, die den Fernseher eingeschaltet haben, um dann zu hören: **»Ihr seid raus aus dem gesellschaftlichen Leben«** [5]? Wie haben sich wohl die Ungeimpften gefühlt, die aus Sorge um ihre Gesundheit Bedenken gegen die Impfung hatten, wenn ihnen von Journalisten vermittelt wird, dass sie der Gesellschaft schaden? Ja, sagen wir es doch geradeheraus:

Das fühlt sich schlimm an! Medien haben sich – wieder einmal – die Schwachen als Opfer ausgesucht. Diejenigen, denen von oben, vonseiten Politik, die Grundrechte weggenommen wurden, also diejenigen, die dringend auf Schutz und Unterstützung vonseiten einer kritische Presse angewiesen waren, wurden von dieser Presse noch mit angegriffen. Menschen, die ihren Arbeitsplatz verloren haben, deren berufliche Existenz zusammengebrochen ist, die furchtbar gelitten haben, haben Journalisten in den Fokus ihres Zorns gerückt. Welch eine Pervertierung von Journalismus und Medien! Das von Albrecht Müller herausgegebene Buch *Die im Dunkeln sieht man nicht. 70 Zeitzeugen zu den missachteten Folgen der Corona-Politik*[6] zeigt exemplarisch, wie schwer Bürger durch politische Entscheidungen getroffen wurden. Und es zeugt letztlich auch davon, wie schwerwiegend der Totalausfall des Journalismus war.

NACH OBEN BUCKELN, NACH UNTEN TRETEN

In dem Buch *Sabotierte Wirklichkeit* habe ich [M.K.] ausführlich dargelegt, was die Antriebe für Journalisten sind, immer wieder eine Perspektive einzunehmen, die in der Orthodoxie verhaftet und mit den Herrschenden verbunden ist. Zu den größten Problemen innerhalb der Medien gehört, dass ein sozial geschlossenes journalistisches Feld existiert. Das heißt: Journalisten entstammen zu weiten Teilen der veritablen Mittelschicht. Die große Journalistenstudie von Siegfried Weischenberg, die 2006 veröffentlicht wurde, verdeutlicht das.[7] Das war, wohlgemerkt, vor 17 Jahren. In den darauffolgenden Jahren dürfte die Schieflage in Sachen sozialer Zusammensetzung der Medien noch deutlicher geworden sein.

Doch warum ist dieser Punkt überhaupt von Interesse? Der französische Soziologe Pierre Bourdieu hat in seinen Studien herausgearbeitet, dass die Angehörigen der verschiedenen Klassen auch über einen ihrer jeweiligen Klasse entsprechenden Habitus verfügen.

Dieser kennzeichnet sich unter anderem durch bestimmte Verhaltensweisen und Interessen. Während die Angehörigen der Unterschicht nicht so sehr um ihre soziale Position bedacht sein müssen (vereinfacht: Sie stehen nun mal »unten«), die Angehörigen der Oberschicht (vor allem das Großbürgertum) aufgrund ihrer gefestigten sozialen Stellung und auch beträchtlicher finanzieller Mittel es sich tendenziell erlauben können, »über den Dingen zu stehen« und auch eine eigene Meinung zu haben, sieht es bei den Angehörigen der Mittelschicht anders aus. Sie stehen zwischen den Schichten. Sie heben sich von der unteren Schicht dadurch ab, dass sie über einen höheren Bildungsgrad und mehr Kapitalressourcen verfügen. Ihre Mittel und ihre Position kommen jedoch nicht an jene der Oberschichtsangehörigen heran. Aus dieser Konstellation und weiteren Faktoren ergibt sich, dass in der Mittelschicht oftmals die Bereitschaft zur Anpassung und zur Akzeptanz von Macht- und Herrschaftsverhältnissen besonders ausgeprägt ist. Die Befolgung von Regeln und auch ein vorauseilender Gehorsam sind nicht selten Bestandteil der »Mittelschicht-DNS«. Ein Infragestellen dieser Verhältnisse würde zugleich *zumindest in der Tendenz* eine Gefahr für die eigene Position, die Karriere bedeuten. Hinzu kommt: In der Mittelschicht ist der Grad an Frustration oft besonders hoch. Die Angehörigen dieser Schicht müssen, um sich dort zu halten, oft besonders hart ranklotzen, und der weitverbreitete Wunsch, mit denen oben mitzuhalten, erfüllt sich eher nicht. Auch im Sinne einer Kompensation ihres eigenen »Leidens« neigen nicht wenige dazu, nachdem sie nach oben gebuckelt haben, nach unten zu treten (man denke nur an die üble Berichterstattung in Sachen Hartz 4).

Aus diesen hier nur sehr grob gezeichneten Antrieben ergibt sich Erhellendes im Hinblick auf die Frage, warum Journalisten zu Rudelverhalten neigen, warum sie so sehr gegen die Ungeimpften und Maßnahmenkritiker gehetzt haben. Ein Angriff auf die Schwächeren in einer Gesellschaft ist für sie nicht mit einem Schaden verbunden, soweit der Angriff sozusagen von oben mit Wohlwollen betrachtet wird. Ob es konkret gegen Angehörige der Unterschicht geht, wie etwa bei der »Agenda 2010«, oder ob es gegen die Angehörigen anderer Klassen geht, spielt keine Rolle, insofern die Angriffe mit Zustimmung der »Macht«, der »Herrschaft« erfolgen und nicht gegen sie gerichtet sind. Die Gruppe der Maßnahmenkritiker lehnte sich klassenübergreifend gegen »die da oben« auf. Ihre Kritik und ihr Protest auf der Straße waren gegen die vorherrschende Politik gerichtet. Für Journalisten, die, grob gezeichnet, so ausgerichtet sind wie hier beschrieben, ist so ein Protest wie ein rotes Tuch. Aus der inneren Logik ihres Habitus können sie den Angriff auf die Politik nur als einen Angriff auf sich selbst betrachten. Schließlich tragen sie diese Politik schon aus eigenen Interessen mit. Gewiss würden wohl viele dieser Journalisten die hier dargelegte Analyse mit Empörung zurückweisen. Der Grad an Ignoranz ist eben deutlich ausgeprägt. Und schließlich: Wer sich als Journalist lieber vor das Infektionsschutzgesetz wirft, als die Politik zu kritisieren, hat seinen Beruf verfehlt. Auch die Hetze gegenüber den Ungeimpften lässt sich mit den speziellen Habitusantrieben erklären. Wenn ein Mitmensch der Journalisten aus der Reihe schert, sich Anordnungen widersetzt oder gar, ganz großes Kino, durch sein Verhalten angeblich die Gesellschaft schädigt, dann entlädt sich der Zorn der Medienvertreter. Und auch da zeigt sich wieder die Pervertierung. Nicht etwa Politiker, die all die Kollateralschäden eines Lockdowns in Kauf nehmen und die Staatsverschuldung mal kurzerhand verdoppeln, schädigen die Gesellschaft, nein, es sind aus Sicht vieler Medien diejenigen, die Augenmaß im Umgang mit der Pandemie und dem Grundgesetz fordern.

Einige der schlimmsten Angriffe gegen Ungeimpfte gingen von Journalisten aus. Und wieder ist der Begriff »mitgemacht« angebracht. Medien haben dabei mitgemacht, auf die Gruppe der Ungeimpften verbal einzuprügeln. Und sie haben massiv zur Spaltung der Gesellschaft beigetragen, was das diesem Kapitel vorangestellte Zitat des *ZEIT*-Journalisten Christian Vooren verdeutlicht. (Auf die Aussagen von Vooren wird im Kapitel »Zitate« näher eingegangen.)

Wir fassen zusammen: Es bedarf dringend einer Aufarbeitung des Journalismus in der Corona-Krise. Was Journalisten sich in dieser Zeit geleistet haben, geht weit über vereinzelte »Entgleisungen« hinaus. Zu viele haben beim Erzeugen von Angst und Panik mitgemacht. Zu viele haben nicht hinterfragt. Zu viele haben grundlegende journalistische Regeln über Bord geworfen. Zu viele haben sich nicht vor die unveräußerlichen Grundrechte gestellt. Zu viele haben sich auf die Seite der Politik gestellt und massiv, mitunter auch auf brutale Weise, Stimmung gegen Ungeimpfte gemacht. Kurz: Die Medien haben als Institution in weiten Teilen versagt.[8] Und wiederum muss die Frage gestellt werden: Wie weit wären sie noch gegangen? Auch hier vermuten wir: Sie hätten alles mitgetragen. Deshalb müssen das Verhalten der Journalisten und die Berichterstattung aufgearbeitet werden. Denn unsere Demokratie steht auf dem Spiel, wenn Journalisten und Medien nicht mehr für den Geist unserer Verfassung eintreten.

1 Christian Vooren, »Die Gesellschaft muss sich spalten!« (Kolumne). In: *ZEIT Online*, 19. November 2021, https://www.zeit.de/gesellschaft/zeitgeschehen/2021-11/corona-pandemie-querdenker-impfgegner-gesellschaft-spaltung-5v8 [Zugriff 02.09.2022]

2 Marcus Klöckner, »Inzidenzen: Schattenfechten im Lockdown«. In: *Multipolar,* 12. März 2021, https://multipolar-magazin.de/artikel/inzidenzen-schattenfechten [Zugriff 28.08.2022]

3 Ebd.

4 Vgl. Paul Schreyer, *Chronik einer angekündigten Krise. Wie ein Virus die Welt verändern konnte,* Westend, Frankfurt am Main 2020. Anmerkung: Sehr zu empfehlen die Internetseite *Multipolar* von Paul Schreyer, Stefan Korinth und Ulrich Teusch.

5 Tobias Hans, saarländischer Ministerpräsident, in der Polit-Talkshow *maybrit illner.* Zitiert nach: »Tobias Hans bei ›Maybritt Illner‹: ›Wir haben die Lage falsch eingeschätzt‹«. In: *Saarbrücker Zeitung,* 10. Dezember 2021, https://www.saarbruecker-zeitung.de/nachrichten/politik/tobias-hans-bei-maybrit-illner-im-zdf-lage-falsch-eingeschaetzt_aid-64554121 [Zugriff 02.09.2022]

6 Albrecht Müller (Hrsg), *Die im Dunkeln sieht man nicht. 70 Zeitzeugen zu den missachteten Folgen der Corona-Politik,* Westend, Frankfurt am Main 2020. Anmerkung: Das von Albrecht Müller gegründete Internetmagazin *NachDenkSeiten* ist sehr zu empfehlen.

7 Vgl. Siegfried Weischenberg, Armin Scholl, Maja Mailik, *Die Souffleure der Mediengesellschaft. Report über die Journalisten in Deutschland,* UVK, Konstanz 2006

8 An dieser Stelle sei exemplarisch auf den interessanten Blog »DS-pektiven Wenn die Sonne tief steht, werfen auch Zwerge lange Schatten« (https://www.ds-pektiven.de) von Dennis Schneble verwiesen. Neben eigenen kritischen Beiträgen veröffentlicht er dort auch Hinweise auf Beiträge aus anderen Medien. Was würden wir als Gesellschaft tun, wenn es nicht all die vielen kleinen und größeren alternativen Blogs und Medien gäbe?

GESELLSCHAFT

»Setzen Sie sofort eine Maske auf!«

Unbekannte Verkäuferin

Hätte Karl Lauterbach gesagt, Zugang zu einem Geschäft wird nur dem gewährt, der auf einem rosa Pony reinreitet, weil neueste Studien aus Harvard erwiesen haben, dass der Ritt auf einem rosa Pony vor dem Virus schützt – Bürger hätten diese Regel befolgt. Vielleicht hätte es eine Woche gebraucht, in der »namhafte Experten« darlegen, wie groß die Virenschutzfunktion eines rosa Pony beim Ritt durch ein Geschäft ist. Vielleicht hätte es ein paar Journalisten gebraucht, die die neueste »wirkungsvolle« Maßnahme anpreisen, und dazu ein paar Prominente, gefilmt von ARD und ZDF beim Ritt in den Lebensmittelladen. Viel mehr wäre nicht notwendig gewesen. Wahrscheinlich sind sieben Tage schon zu hoch gegriffen. Wer denkt, das sei eine Zuspitzung: Nein, es ist so gemeint, wie es hier geschrieben steht. Sie hätten es getan. Bürger dieser Gesellschaft hätten sich ein Pony besorgt, rosa angestrichen und wären damit in die Bäckerei, die Metzgerei oder in das Café geritten.

Wer das Verhalten seiner Mitbürger seit Beginn der Pandemie beobachtet hat, konnte Erschreckendes feststellen. Dass der Grad an staatsbürgerlicher und politischer Mündigkeit bisweilen nicht sonderlich hoch ist, wäre gewiss keine große Überraschung gewesen. Dass sie allerdings bei so vielen nahezu gar nicht vorhanden ist, das war dann doch erstaunlich. Ihr diesbezügliches Defizit hat die Gesellschaft nach und nach dadurch ersetzt, dass sie aus Regeln, Maßnahmen und Anweisungen einen Fetisch gemacht hat.

Ob sinnvoll oder nicht, Regeln wurden unhinterfragt umgesetzt und zugleich die Nichtbefolgung der Regeln hysterisiert. Interessant: Die Alltagsempirie zeigte, dass oftmals gerade die Gebildeten die also eigentlich das intellektuelle Handwerkszeug haben sollten Politik und Regeln kritisch zu hinterfragen, auf eine verstörende Weise alles nachplapperten und umsetzten, was von oben kam. Tendenziell waren es eher die »einfachen« Leute, Menschen und Bürger aus den unteren Schichten, die wohl mit dem, was man als gesunden Menschenverstand bezeichnet, ein distanzierteres Verhältnis zu der Pandemiepolitik hatten. Das ist allerdings eine persönliche Beobachtung. Hier wären Studien notwendig, um diese These zu untermauern. Regelbefolger und Regelbrecher gab es natürlich in allen Schichten.

Eine der Kernfragen lautet: Warum hat sich unsere Gesellschaft in weiten Teilen so konform verhalten? Warum haben Mitglieder der Gesellschaft selbst noch so absurde Regeln, wie etwa das Tragen einer Maske auf einem Parkplatz, umgesetzt? Warum haben auch so viele Bürger »mitgemacht« bei der Abwertung und Ausgrenzung von Ungeimpften und Maßnahmenkritikern?

AUCH MIT DER GESELLSCHAFT MUSS INS GERICHT GEGANGEN WERDEN

Ohne die Gesellschaft, ohne das Verhalten und Handeln eines großen Teils der Bürger, wären der Maßnahmenwahnsinn und eine Politik, die weit über das Ziel hinausgeschossen ist, nicht möglich gewesen. Mit dieser Gesellschaft muss man auch ins Gericht gehen. Was sich hier Menschen im Umgang mit ihren Mitbürgern erlaubt haben, sollte genauso aufgearbeitet werden wie das Verhalten von Politik, Justiz und Medien, denn: Es geht um viel! Eine demokratische Gesellschaft darf der Politik niemals unkritisch oder gar blind folgen. Wenn es an den Kern dessen geht, was unsere Demokratie ausmacht, unsere unveräußerlichen Grundrechte, dann muss sie wehrhaft sein. Einen so schweren Eingriff in die Grundrechte wie etwa Ausgangsbeschränkungen darf sie nicht hinnehmen. Sie muss laut und deutlich fragen: »Warum?« Und dann reicht es nicht, wenn ein Politiker sagt, dass sei, um die Infektionszahlen einzudämmen. Die Politik ist dann in der Beweispflicht. Sie muss darlegen, aufzeigen, dokumentieren – im Detail! Und dann muss sie sich gegebenenfalls auch Kritik an ihrer »Beweisführung« gefallen lassen.

Dieses Vorgehen mag dem ein oder anderen, pragmatisch betrachtet, in einer Krisensituation unangebracht erscheinen. Schließlich müsse doch schnell gehandelt werden. Das stimmt. Und dennoch: Wenn Bürger der Politik blind vertrauen, dann ist der Weg zum Unheil meistens schon weit offen. Wenn die Geschichte etwas gezeigt hat: Ein von Politikern gefordertes Vertrauen wird regelmäßig missbraucht. Wir wollen nicht den Politiker sehen, der sagt: »Vertraut mir!«, sondern den, der sagt: »Misstraut mir! Hinterfragt mich und prüft mein Handeln und meine Politik unaufhörlich!« Doch in der schwersten Grundrechtskrise seit Bestehen der Republik verfiel eine Vielzahl der Bürger in ein geradezu kindhaftes Verhalten. Sie blickten hinauf zu denen »da oben« und vertrauten.

Wohin das geführt hat, haben wir gesehen. Menschen in Altenheimen wurden schwer traumatisiert, weil sie Angehörige nicht mehr sehen, geschweige denn berühren durften. Menschen mussten allein sterben, weil ihre Angehörigen das Krankenhaus nicht betreten durften. Menschen konnten sich nicht von ihrer geliebten Mutter, dem Vater oder wem auch immer verabschieden. Schulkinder wurden mit Masken- und Testpflicht sowie anderen Regeln in ihrem kindlichen Dasein gequält. Kleine, mit viel Liebe aufgebaute Unternehmen konnten unter der rigiden Corona-Politik und ihren Maßnahmen nur noch eins: kollabieren! Familien waren mitunter auf engstem Raum in ihrer Wohnung eingesperrt, konnten nichts mehr unternehmen, mussten zu Hause hocken, bis ihnen die Decke auf den Kopf fiel. All das und noch viel, viel mehr war auch deshalb möglich, weil die Gesellschaft sich nicht gewehrt hat. Weil sie nahezu klaglos hingenommen und umgesetzt hat, was ihr gesagt wurde.

WENN SICH REGELFETISCHISMUS MIT MACHT VERBINDET

Die Gesellschaft war zweifelsohne einer massiven Beeinflussung durch Medien und Führungseliten ausgesetzt. Über alle Kanäle haben Journalisten durch ihre Art der Berichterstattung Angst erzeugt. Nun ist Angst eine enorm starke Emotion. Sie ist wie ein Schlüssel zur Steuerung menschlichen Verhaltens. Wer Angst hat, kann manipuliert werden. Und die drohende Gefahr durch ein unsichtbares Virus hat vielen Menschen große Angst eingeflößt. Diese Angst muss man ernst nehmen, auch als Maßnahmenkritiker. Doch das Verhalten, das unsere Gesellschaft an den Tag gelegt hat, allein mit Angst zu erklären, würde zu kurz greifen.

Wie schon gesagt, ist es mitnichten so, dass es die Antriebe, die den Geist des Faschismus bedingen, in unserer Gesellschaft nicht mehr geben würde. Sie sind nach wie vor unter der Oberfläche vorhanden. Dieser Geist zieht seine Kraft unter anderem aus konstruierten, auf das Destruktive und Böse ausgerichteten Über- und Unterordnungsverhältnissen, die einem Teil der Bürger das Gefühl geben, mehr wert als andere zu sein und sich über ihren Nächsten stellen zu können. Er zieht seine Kraft aus den Prinzipien von Gehorsam und Belohnung und kann sich insbesondere dann entfalten, wenn er Bürger im Alltag mit einer Macht ausstattet, die es ihnen ermöglicht, sich zum verlängerten Arm eines »größeren Etwas« (zum Beispiel der Staat oder die Regierung) zu machen. Und diese Macht gibt ihnen das Gefühl, mit einem Mal mehr Autorität zu haben, als es eigentlich aufgrund ihrer jeweiligen Lebensverhältnisse der Fall ist. Um ein Beispiel anzuführen: Der Verkäuferin, die sich für verhältnismäßig wenig Geld jeden Tag die Beine in den Bauch steht, die in klaren Hierarchieverhältnissen arbeitet, in denen sie permanent Anweisungen unterliegt, wird plötzlich, sozusagen von höchster Stelle, »Macht« gegeben. Diese Macht reicht über ihren eigentlichen Handlungsradius hinaus. Wenn sie eine Kundin im Geschäft ohne Maske sieht, dann kann sie mit dem Finger auf sie zeigen und rufen: »Setzen Sie sofort eine Maske auf!« Sie macht das in dem Wissen, dass ihr Verhalten erwünscht ist und sie in Form von Lob für ihre Zusatzaufgabe als »Wachhund« belohnt wird. Diese Szene, die ich selbst [M.K.] beobachtet habe, ist in ihrer scheinbaren Geringfügigkeit elementar, um zu begreifen, was sich in unserer Gesellschaft abgespielt hat.

Ein Verhalten wie das dieser Verkäuferin hat sich, auf die eine oder andere Weise, unzählige Male abgespielt. Regeln, die noch vor kurzer Zeit undenkbar gewesen wären, wurden innerhalb kürzester Zeit internalisiert. Und sie erlaubten es einem Teil der Gesellschaft, seinen Hang zur Fetischisierung von Regeln mit Macht zu verbinden. Eine Macht, die, wenn sie sich erst mal in der Gesellschaft etabliert hat, alles andere als harmlos ist. Über das Verhalten der hier beschriebenen Verkäuferin lässt sich vielleicht auch milde lachen. Es lässt sich gewiss auch beschönigen (»Aber sie hat doch nur gemacht, was richtig ist!«). Oder man reagiert einfach mit Mitleid, weil ein Mensch sich so aufführt. Aber das ist unangebracht. Dieses Verhalten hat in der Pandemie nichts Positives bewirkt. Es hat eben nicht dazu beigetragen, dass »wir alle« geschützt werden. Im Hinblick auf die Gesamtinfektionslage war es unerheblich, ob *ein* Mensch im Laden eine Maske trägt oder nicht (wenn die Schutzwirkung der Masken überhaupt gegeben war ...). Und im konkreten Einzelfall muss schon einiges zusammenkommen, dass gerade die Person, die keine Maske trägt, mit dem Virus infiziert ist und auch noch einen oder gleich mehrere andere ansteckt. Aber auch wenn ein entspannter Umgang mit »Verstößen« gegen die Maskenpflicht dazu geführt hätte, dass mehr Kunden auf die Maske verzichtet hätten: Hier wäre die schlichte Erkenntnis angebracht gewesen, dass das Leben nun mal immer gewisse Risiken birgt. Eine freie, offene Gesellschaft muss mit individuellen Entscheidungen ihrer Bürger klarkommen. Und sie braucht keine Mitbürger in Geschäften oder sonstwo, die sich aufführen wie Lageraufseher!

Während in anderen Ländern Menschen auch ohne Maske in ein Geschäft gehen konnten, ohne dass sich jemand daran gestört hätte, hielten sich manche Bürger unserer Gesellschaft für die Speerspitze bei der Umsetzung staatlicher Regeln. Gewiss: Es gab Leute, die das taten, weil sie tatsächlich Angst vor dem Virus hatten. Aber es gab auch nicht wenige, die die Gunst der Stunde nutzten. Die Macht, die die Umstände dieser Corona-Zeit ihnen gab, nutzten sie, um sich wie Wachhunde, Blogwarte, Denunzianten und bisweilen sogar wie Unmenschen aufzuführen.

Natürlich – Gott sei Dank! – waren nicht alle Menschen so. Es gab einige, die haben ihr funktionierendes Gewissen nicht ausgeknipst. Sie haben unter Inkaufnahme von eigenen Nachteilen menschlich gehandelt. Sie haben sich dort, wo sie es für angebracht hielten, über Regeln hinweggesetzt und etwa Angehörige zu einem Sterbenden gelassen. Oder etwa Polizisten, die den Maßnahmenwahnsinn nicht zum Maßstab aller Dinge erklärten und bei manchen »Vergehen« Vernunft walten ließen.

FASCHISMUS KANN ÜBERALL SEIN …

Die Pandemiejahre haben gezeigt: Faschismus wäre in Deutschland jederzeit wieder möglich. Die Antriebe, bestimmte Menschen zu diffamieren und auszugrenzen, sind offensichtlich vorhanden. Die Gesellschaft mag gelernt haben, nicht mehr einem etwas kleingewachsenen Charismatiker mit akkuratem Seitenscheitel und noch akkurater geschnittenem Schnurrbart zu folgen. Die Gesellschaft mag gelernt haben, dass in diesem Land Hakenkreuze und sonstige nationalsozialistische Symbolik nichts mehr zu suchen haben, aber viel mehr hat sie nicht gelernt. Denn wer Faschismus lediglich an den historischen politischen, rechtsradikalen Bewegungen festmacht, hat Faschismus nicht verstanden. Hier in diesem Buch ist der Faschismusbegriff losgelöst von einem politischen Rechts-Links-Verständnis zu betrachten. Es ist vielmehr die Gewalt, die in ihm liegt, die sich gegen Minderheiten richtet und Bürger niederdrückt, bricht und im extremsten Falle bereit ist, zu vernichten, die an dieser Stelle zur Verwendung des Begriffs führt. Auch wenn das Zitat eine Wiederholung ist, möchten wir an dieser Stelle noch einmal Ron Jones, den Erfinder des Faschismus-Experiments »Die Welle« mit seiner zentralen Aussage zitieren: »Wir denken, dass Faschismus etwas ist, was nur auf Ebene eines Staates existieren kann. [Aber] Faschismus ist etwas, das in deinem Haus, an deinem Arbeitsplatz, in deiner Kirche, deiner Schule, in deiner Redaktion vorkommen kann. Faschismus kann an jedem Ort sein. Und dagegen musst du aufstehen.«[1]

Spätestens als die Hetzereien gegen Ungeimpfte und Maßnahmenkritiker – angestachelt von den Medien – sich ihren Weg bahnten, hätte eine Gesellschaft, deren faschistische Detektoren funktionieren, reagieren müssen. Stattdessen machten weite Teile der Gesellschaft mit oder haben sich, schlimm genug, passiv verhalten. Und dabei spielt es keine Rolle, wie der Staat, in dem das »faschistische« Moment entsteht, ausgerichtet ist. Er kann im Kern demokratisch sein und in seinen Bekundungen jede Nähe zum Faschismus entschieden ablehnen und verneinen. Wie jeder weiß, gibt es nicht nur eine physische Gewalt. Gewalt kann viele Formen annehmen. Wenn im Dritten Reich einem jüdischen Mitbürger der Gang in ein Geschäft verwehrt wurde, weil er Jude war, dann hat der Geschäftsinhaber, wenn auch nicht körperlich, so doch »Gewalt« ausgeübt, nämlich psychisch. Wenn ein Mitbürger aufgrund einer bestimmten körperlichen Disposition (ungeimpft) von einem Hotelbesuch ausgeschlossen wird, ist das auch

Gewalt, die angetan wird. Der Mensch, der Ungeimpfte, fühlt sich abgewertet, obwohl er doch jetzt noch immer genau das ist, was er noch kurz zuvor war: Mensch und Bürger. Und das Schlimme: Nichts – so wie damals – schützt ihn vor dieser Gewalt. Die einzelnen Hotels machen mit. Widersetzt sich ein Hotelbesitzer, wird er bestraft. Widersetzt sich ein Bürger, kommt die Polizei und *er* wird bestraft. Der Bürger kann vor ein Gericht gehen. Aber das Gericht wird ihn als Täter betrachten. Er kann zu einem Politiker gehen. Aber der Politiker wird ihn genauso als Täter betrachten – schließlich trägt der Politiker die Verantwortung für jene angeordneten Maßnahmen, die den Bürger zum »Täter« werden lassen. Und die Medien? Wir wir gesehen haben am Verhalten vieler Journalisten: Sie werden in dem »Skandal«, den ihnen der Bürger präsentiert, keinen Skandal sehen. Sie werden ihn wegschicken. Es ist ein Teufelskreis.

Der Faschismus diktiert neue Bedingungen und bricht dabei das Recht. Die Justiz, Medien usw. halten dem Faschismus die Stange. Weite Teile der Gesellschaft tragen alles mit. Der Bürger, der gegen den Rechtsbruch aufbegehrt, wird als Rechtsbrecher abgeurteilt. So war es damals. Und in der Pandemie, auch wenn ein anderer politisch-historischer Kontext vorliegt, war das faschistische Moment klar zu sehen. Nicht alle Vergleiche mit der Nazi-Zeit sind angebracht und stimmig, aber eine Pandemiepolitik, die Menschen separiert, die Grundrechte so massiv und so lange beschneidet, die eine für eine Demokratie unfassbare Form von Druck auf Teile der Gesellschaft ausübt, die muss sich den Faschismusvorwurf gefallen lassen.

Zu dem Verhalten der Gesellschaft haben sicherlich die von oben angeordneten Strafen beigetragen. Sogenannte Vergehen wurden mit geradezu aberwitzigen Bußgeldern belegt. Hier nur ein kurzer Auszug aus einem Bußgeldkatalog (November 2021):

»Laut Infektionsschutzgesetz werden bei Verstößen gegen die Coronaregeln Sanktionen fällig. So kostet es mindestens 200 Euro, sich mit mehr Personen als erlaubt zu treffen. Ebenso teuer ist ein Verstoß gegen geltendes Besuchsverbot. Wer verbotenerweise Verkaufsstellen weiter betreibt, muss aufwärts von 2500 Euro blechen, und ein Verstoß gegen die Aufzeichnungs- und Meldepflicht kann bis zu 25.000 Euro kosten.« [2]

»Sich mit mehr Personen als erlaubt zu treffen.« Allein in dieser Formulierung kommt die ganze Übergriffigkeit des Staates zum Ausdruck. Die Beispiele zeigen, wie der Staat über die Androhung und Verhängung von Bußgeldern auf das Verhalten der Bürger eingewirkt hat. Ein Verhalten, das kein demokratischer Staat jemals bestrafen sollte. Doch zum Tango bedarf es immer zwei.

EINE GESELLSCHAFT, DIE IHRE FREIHEIT AUFGIBT

Bürger haben in großer Zahl jede noch so irrsinnige Übergriffigkeit des Staates akzeptiert. Sie haben immer wieder neue Maßnahmen, Regeln und auch Bußgelder hingenommen. Die Handlungsmacht des Staates ist jedoch eng an das Verhalten der Bürger geknüpft. Verordnungen und Gesetze sind nur dann von Wirkung, wenn sich die Bürger auch daran halten. Die Macht des Staates beruht vor allem auf dem Verhalten der Gesellschaft. Trägt sie mit? Dann hat er nahezu Narrenfreiheit. Wo das geendet hat, haben wir im Dritten Reich gesehen. Irgendwann lag das Land in Trümmern und am deutschen Wesen ist (zum Glück) nicht die Welt genesen – nicht einmal mehr die Deutschen selbst. Denn die lagen tot auf dem Schlachtfeld oder krochen aus den Trümmern ihrer Häuser hervor. Verstört, traumatisiert, verletzt und besitzlos.

Die Pandemie hat gezeigt, wie erschreckend wenig es bedarf, dass eine Gesellschaft ihre eben noch selbstverständlichen Freiheiten willfährig aufgibt. Und sie hat gezeigt, dass mit einfachsten Mitteln – Kontrolle, Zwang und Bestrafung – eine komplette Gesellschaft sich von einer freiheitlichen in eine totalitäre Gesellschaft verwandeln kann, in der das Verweilen auf einer Parkbank geahndet wird, während Mitbürger drumherum stehen und zusehen, wie die Polizei die neue Ordnung durchsetzt. Eine Gesellschaft, die verstanden hat, was unveräußerliche Grund- und Menschenrechte bedeuten, reagiert gemeinsam solidarisch auf Grundrechtsangriffe des Staates. Es ist völlig egal, ob man mit der jeweiligen Gruppe nun sympathisiert oder nicht. Ob Juden, Moslems, Schwarze, Weiße, Ungeimpfte oder wer auch immer: Eine Gesellschaft, die es hinnimmt, dass ihr die Grundrechte wie Leckerlis zugestanden werden, die einige bekommen und andere nicht, lädt den Faschismus wie durch ein weit offenes Scheunentor ein.

SIE HÄTTEN KEINE GRENZEN GEKANNT

Eine Gesellschaft, die in der Lage ist, faschistische Tendenzen zu erkennen, hätte ganz anders auf den Ausschluss eines Teils der Bürger aus ihrer Mitte reagiert. Sie hätte sich solidarisch mit den Ungeimpften gezeigt und sowohl nach oben hin zur Politik als auch nach unten hin auf der Alltagsebene, wo viele Geschäfte fraglos Ungeimpfte ausgeschlossen haben, ein Zeichen gesetzt. »In ein Geschäft, dass bei der Regel *mitmacht*, Ungeimpfte nicht reinzulassen, gehe ich auch nicht als Geimpfter!«

Das wäre eine angemessene Reaktion gewesen. Aber Ungeimpfte waren nun einmal »Sozialschädlinge«, verachtenswerte Egoisten, die alle anderen in Gefahr bringen. Die Ironie der Geschichte: Die Geimpften von heute sind die Ungeimpften von morgen. Als »geimpft« gilt man inzwischen nur noch für eine sehr kurze Dauer. Wenn man sich nicht immer und immer wieder impfen und boostern lässt, dann war's das mit den Freiheiten. Die Gesellschaft in ihrer Gesamtheit hat eines offensichtlich nicht verstanden: Wenn ein Staat eine Gruppe von Mitbürgern ausgrenzt, wenn er es wagt, sich an ihren Grundrechten zu vergreifen, dann ist die Gefahr groß, dass er immer übergriffiger wird. Manche werden diesen Ausführungen vielleicht entgegensetzen, dass sich doch die Angst vor einem sich entwickelnden Faschismus nicht bewahrheitet hat, dass Maßnahmen wieder zurückgenommen wurden, dass auch die Ungeimpften wieder in Restaurants und Hotels gehen durften. Dass also das gesellschaftliche Verhalten doch unterm Strich vielleicht gar nicht so schlimm war. Ja, das ist der Stand jetzt. Im Herbst 2022. Wie es in der nachfolgenden Zeit aussehen wird, werden wir sehen. Wir können diese Argumentation zwar durchaus nachvollziehen, doch sie verkennt den Kern der in diesem Buch artikulierten Kritik. Das Verhalten vieler Bürger hat uns einen Abgrund offenbart. Was wir jetzt schreiben, ist nur eine Vermutung, aber sie ist gut begründet aus der sozialen Beobachtung. Wenn die Ausgrenzung und Abwertung von Ungeimpften von oben noch weiter legitimiert worden wäre, dann hätten auch weite Teile der Gesellschaft noch weiter mitgemacht. Ungeimpften den Besuch eines Restaurants zu verweigern, das war keine Kleinigkeit. Vorschläge etwa wie der von Boris Palmer, dem Tübinger Oberbürgermeister, ungeimpften Arbeitnehmern und Rentnern sogar »kein Geld mehr bis zur Vorlage der Impfbescheinigung«[3] zu geben, stießen auf keine allzu breite Kritik in der Bevölkerung. Es gab viele, schier unendlich viele Hinweise im Kleinen wie im Großen, dass die Ausgrenzung und Diffamierung der Ungeimpften auch grenzenlos hätte sein können. Diese Gesellschaft – daran haben wir keinen Zweifel – wäre unter bestimmten äußeren Bedingungen bis zum Extremen gegangen.

1 Zitiert nach: »Ron Jones talks about The Third Wave, Fascism, Ukraine and relationship with Russia «. In: *YouTube*, https://www.youtube.com/watch?v=3Y1_Rc9PDnQ [Zugriff 30.08.2022]

2 Jennifer Caprarella, »Corona-Bußgeldkatalog: Welcher Verstoß kostet was?« In: *yahoo!nachrichten*, 22. November 2021, https://de.nachrichten.yahoo.com/corona-bussgeldkatalog-welcher-verstoss-kostet-was-191811658.html [Zugriff 30.08.2022]

3 Jan Georg Plavec, »Palmer fordert Impfpflicht ab Mitte Januar«. In: *Stuttgarter Zeitung*, 21. Dezember 2021, https://www.stuttgarter-zeitung.de/inhalt.tuebinger-ob-zu-omikron-palmer-fordert-impfpflicht-ab-mitte-januar.ce206824-29b5-4709-bd85-71d1360f0fd4.html [Zugriff 26.08.2022]

ELITEN

»Mir fehlt jedes Verständnis für Leute, die sich nicht impfen lassen wollen.« [1]

Günther Jauch, deutscher TV-Moderator

Während ein Teil der Eliten[2] mitgemacht und die Spaltung der Gesellschaft massiv forciert hat, hat die Mehrheit von ihnen geschwiegen. Von ihr kam nichts. Sie waren so still, so passiv wie der Großteil der »normalen« Bevölkerung. Und nur ein erschreckend kleiner, aber dafür sehr mutiger und bewundernswerter Teil der Eliten hat den Mund aufgemacht. Diese wenigen, die sich öffentlich dem Mainstream entgegengestellt haben, die die Pandemiepolitik und den Umgang mit den Ungeimpften kritisiert oder die Grundrechtedemonstrationen positiv bewerteten, hatten nichts zu lachen.

Vor allem Journalisten haben sich auf die »Abweichler« gestürzt und kein gutes Haar an ihnen gelassen. Einige hat es ihre Karriere beziehungsweise ihre öffentliche Anerkennung gekostet. Über sie reden wir gleich. Zunächst ist die Frage von Interesse, wie es sein konnte, dass Eliten das Handeln der Politik nicht massiv hinterfragt und, vor allem, den Ungeimpften und Maßnahmenkritikern in einer sehr schweren Situation nicht beigestanden haben.

Der Schlüssel zur Beantwortung dieser Frage liegt in der Erkenntnis, dass auch Eliten, in gewisser Weise, »normale« Menschen sind. In ihnen sind all die Antriebe und Verhaltensweisen vorhanden wie in anderen Menschen auch. Auch Eliten können einer aus dem Ruder laufenden »Berichterstattung« unterliegen. Auch auf sie wirken die angsteinflößenden Bilder aus den Medien. Dass folglich auch hochrangige Akteure unserer Gesellschaft jenen Medienerzählungen gefolgt sind wie der »Normalbürger«, ist im Grunde genommen banal, soll aber trotzdem Erwähnung finden. Manche von ihnen haben bestimmt tatsächlich geglaubt, dass Ungeimpfte eine Gefahr sind und ihr Verhalten nicht gut für die Gesellschaft ist. Aber genauso wie es aufseiten der Durchschnittsbevölkerung den Typus »Nazi« gibt, also einen Bürger, in dem Verhaltensweisen, die im Faschismus sehr geschätzt werden, angelegt sind, so gibt es diesen Typus auch aufseiten der Eliten. Auch dort gibt es Akteure, die offensichtlich gerne gegen eine Minderheit vorgehen, wenn sich, gesellschaftlich akzeptiert, die Gelegenheit bietet. Die Eliten sind also, vermutlich, zunächst einmal nicht besser oder schlechter als die anderen Bürger, aber es gibt mindestens einen zentralen Unterschied. Der Normalbürger konnte in der Pandemie aufgrund seiner Position, wenn er seinen faschistischen Antrieben freien Lauf lassen wollte, einen begrenzten Schaden anrichten. Er konnte, im Anflug seines autoritär Gehabes, seinen Bruder vom Tisch ausschließen, weil dieser ungeimpft ist. Er konnte mit einem Denunziantenanruf einen »Regelbrecher« bei der Polizei verpfeifen. Er konnte in seinem Umfeld Stimmung gegen die verhasste Gruppe schüren (all das ist gewiss bereits schlimm genug), aber ihm fehlt das, worüber viele Eliten verfügen: Reichweitenmacht. Und diese haben sie genutzt. Und wie! Ob im Radio, im Fernsehen, auf reichweitenstarken Nachrichtenseiten: Sie haben gehetzt und abgewertet bis weit über die Grenzen dessen, was im Rahmen einer an der Sache interessierten Kritik hätte angebracht werden können. Manche haben uns tatsächlich an Nazis erinnert. Die Vorstellung, wie sie da stehen, in den Uniformen von damals, hat sich im Geiste allein durch ihre Worte selbst geformt. Manche, ja, die haben sich einfach mit anstecken lassen von der allgemeinen Stimmungsmache gegen die Ungeimpften und Maßnahmenkritiker. Manche waren einfach »sauer«, und die Absicht war gewiss nicht die eines »Nazis«. Aber anderen war das Autoritäre, das Faschistische regelrecht anzumerken. Es war nicht nur der Inhalt ihrer Worte, es war auch die Art und Weise, wie sie gesprochen haben und aufgetreten sind. Keine Gnade. Kein Mitleid. Keine Empathie. Kein Verständnis. Sondern einfach nur der Wunsch, den »Unwilligen« zu brechen, ihn so weit zu bringen, dass er sich einen hochumstrittenen Impfstoff spritzen lässt. Sie haben sich regelrecht gesuhlt in ihrer Position, die ihnen die Macht gegeben hat, sich über andere zu erheben und ihnen zu diktieren, sich einen Impfstoff gegen ihren Willen spritzen zu lassen. Es geht bei diesem Typus nie um die Sache. Die Sache ist beliebig. Sie ist austauschbar. Heute ist es die »Impffrage«, morgen ein »Verstoß« gegen irgendeine Fantasieregel und übermorgen wieder etwas anderes. Das Verhalten ist es aber, das identisch ist. Immer treten Faschisten so auf, dass sie ihren Willen notfalls mit Gewalt durchsetzen wollen.

EINIGE MUTIGE HABEN IHRE STIMME ERHOBEN

So wie es aufseiten der normalen Bevölkerung Lichtblicke gab, so war es auch bei den Eliten. Denn niemand *muss* mitmachen. Niemand *muss* zum Hetzer werden. Einige bekannte Persönlichkeiten waren mutig. Sie haben sich dem Wahnsinn widersetzt und sogar ihre Karriere aufs Spiel gesetzt. Nehmen wir als Beispiel die Sängerin Nena. Nena hat im März 2021 auf ihrem *Instagram*-Kanal eine Botschaft veröffentlicht: »Danke Kassel!« In Kassel hatte zuvor eine große Demonstration für die Grundrechte stattgefunden. Zwei Worte, eine Botschaft. Das hat für Journalisten ausgereicht, eine Empörungswelle anzustimmen. Für die *NachDenkSeiten* habe ich [M.K.] dazu einen Beitrag geschrieben, in dem es heißt: »Dass die Medienhetze folgen würde, war an einer Hand abzuzählen. Da fragt die FAZ nun, völlig qualitätsjournalistisch befreit, ob Nena ein Herz für ›Corona-Leugner‹ habe. Da heißt es in einem ntv-Beitrag, Nena solidarisiere sich mit ihrem ›Ober-Verschwörungsmufti‹ Xavier Naidoo und jazzt die Stimmungsmache so richtig hoch: Nena habe nun ›endgültig ihre Unschuld verloren‹. Und der *Stern* meint: Nena sei eine ›Verirrte‹.«[3]

Das ist, wohlgemerkt, nur ein kleiner Auszug dessen, was sich Journalisten an Hetze gegen Nena leisteten. Das Management der Sängerin veröffentlichte als Reaktion auf den Shitstorm das Folgende: »Die Behauptung, Nena würde sich mit ›Chaoten‹ und ›Rechten‹ gemeinmachen, ist absurd und ein Schlag ins Gesicht der Tausenden friedlichen Menschen, die dort demonstriert haben.«[4]

Zum Vorschein kommt, welche Strategie Journalisten in der Pandemie verfolgten, um die Demonstranten und Kritiker der Regierungspolitik zu delegitimieren. Nena wurde vorgeworfen, sich für eine Demo zu bedanken, auf der »Chaoten« und »Rechte« gewesen seien. Mit anderen Worten: Die Grundrechte Demos waren eigentlich Nazi-Aufmärsche und jeder, der sich dorthin begibt oder für die Demonstrationen bedankt, der ist wohl auch gleich ein ... Ja, was ist er denn? Nein, kein »Nazi« oder »Rechter«, sondern jemand, der mit beiden Beinen auf dem Boden der Verfassung steht. Die Realität war nämlich: Ja, es gab hier und da am Rande von solchen Demonstrationen auch drei und eine halbe Reichsflagge. Und irgendwo zwischen den Zehntausenden und mehr Demonstranten sind auch achteinhalb Rechte mitgelaufen. Woher sie kamen, ob hier bewusst die Grundrechtedemonstrationen »kontaminiert« werden sollten, um sie zu diskreditieren, sei dahingestellt. Das »Rechtsframing« nutzen Journalisten jedoch, um die Demonstrationen per se als illegitim zu klassifizieren. Man muss sich das einmal vor Augen führen: Eine Sängerin wie Nena, die bekannt für ihren Einsatz gegen Rassismus und gegen rechts ist, mit braunem Dreck zu bewerfen, das ist an Absurdität nicht zu überbieten. Aber die »Berichterstattung« zeigte auch, was einem Promi blühte, wenn er von seinem Recht als Bürger dieser Demokratie Gebrauch machte und sich im öffentlichen Diskurs dem Mainstream entgegenstellte. Während Uschi Glas ihren »Impfarm« fotografieren ließ und dafür in den Medien gelobt wurde, schleuderten Journalisten Nena Hass entgegen und wollten sie aus dem öffentlich-rechtlichen Fernsehen drängen.

Nena reagierte so, wie es jemand macht, der sich selbst treu bleibt, und legte nach. Im Sommer 2021 sagte sie, dass auf ihren Konzerten alle Menschen willkommen seien, ob geimpft oder nicht. Bei einem Konzert sagte die Sängerin von der Bühne aus: »Die Frage ist nicht, was wir machen dürfen. Die Frage ist, was wir mit uns machen lassen.«[5] Was will man dazu noch mehr sagen als: Nena hat es auf den Punkt gebracht!

Nena hielt auch dem sich daran anschließenden Shitstorm stand. So wie ihr ging es nahezu allen bekannten Persönlichkeiten, die über die auch von Journalisten festgelegten roten Linien der »legitimen Kritik« hinweggingen. Nehmen wir die Künstler, die bei der Aktion *#allesdichtmachen*[6] mitgemacht haben. Was haben Journalisten Stimmung gegen diese Aktion und ihre Teilnehmer gemacht. Allen voran der *Tagesspiegel*, dessen »Berichterstattung« in der Sache mächtig danebenging. Wie Medien hier konkret vorgegangen sind und was im Detail abgelaufen ist, habe ich in meinem Buch *Zombie-Journalismus. Was kommt nach dem Tod der Meinungsfreiheit?* dargelegt.[7]

Angegriffen wurden auch Ulrike Guérot, Wolfgang Wodarg, Stefan Homburg und Friedrich Pürner, um nur einige zu nennen. Ihre Namen sind längst jedem ein Begriff, der sich abseits der großen Medien informiert. Wolfgang Wodarg[8] war über Jahre Abgeordneter der SPD im Bundestag und hat wertvolle Dienste im Zuge der Aufklärung in Sachen Schweinegrippe-Pandemie geleistet. Schon früh wies er auf die Schieflagen im Umgang mit der Corona-Situation hin. Journalisten haben ihn in ihren Medien angegriffen, niedergemacht. Friedrich Pürner war Leiter des Gesundheitsamts Aichach-Friedberg. Er war unbequem, hinterfragte Maßnahmen und verlor seine Stelle. Und: Stefan Homburg[9], Professor für öffentliche Finanzen, ein Experte für Zahlen und Statistiken. In einem Artikel in der *Welt* unter der Überschrift »Warum Deutschlands Lockdown falsch ist – und Schweden vieles besser macht« kritisierte er im April

2020 die deutsche Corona-Politik. Auch er sah sich reichlich Kritik ausgesetzt, in einem *Spiegel*-Artikel hieß es, er schwinge sich zum »›Querdenker‹-Wortführer« [10] auf.

Schließlich: Die Politikwissenschaftlerin Ulrike Guérot. Die bekannte Verfechterin eines vereinten Europas war über viele Jahre immer wieder in den Medien präsent. Ihre Expertise war gefragt. In der Pandemie scherte Guérot vom Mainstream aus, hinterfragte die Maßnahmen, und was folgte, war eine regelrechte Hetzjagd auf sie. Sie musste sogar zeitweilig ihren *Twitter*-Kanal schließen. Mit ihrem Buch *Wer schweigt, stimmt zu. Über den Zustand unserer Zeit. Und darüber, wie wir leben wollen* positionierte sich Guérot so, wie es eine freiheitlich-liberale Gesellschaft von ihren Intellektuellen erwarten darf. Guérot schreckte nicht zurück. Sie stellte fest: »Es gibt inzwischen in der Coronadebatte eine Geschlossenheit der politischen Mitte, einen gedanklichen, emotionalen und mentalen Block, der absolut monolithisch ist und keine noch so naheliegenden Irritationen von außen zulässt. [...] jede Regung, sei es durch normalen Menschenverstand, seien es humane oder moralische Einwände gegen eine Politik, die sich verselbstst*ändigt hat, werden komplett ausgeblendet.*«[11]

In diesen Zeilen verdichtet sich letztlich auch der Grund, warum dieses Buch geschrieben und auf die Aussagen der Führungseliten hingewiesen wird. Wo war das Humane? Und wo war der gesunde Menschenverstand?

Ulrike Guérot, wie die anderen auch, sind nach wie vor Angriffen ausgesetzt, die sich aus ihrer Positionierung in der Corona-Zeit ergeben haben. Guérot, Pürner, Homburg, Wodarg, Nena und weitere Persönlichkeiten haben großen Mut bewiesen. Sie haben uns allen gezeigt, wie man in einer Zeit, wo es wirklich darauf ankommt, den Mund aufmacht und nicht kuscht. Jedem Einzelnen gebührt Dank und Respekt!

1 Benedict Neff, Lucien Scherrer, Kanzem, »Günther Jauch: ›Mir fehlt jedes Verständnis für Leute, die sich nicht impfen lassen wollen‹« (Interview). In: *Neue Zürcher Zeitung*, 17. Januar 2022, https://archive.ph/4YXDq#selection-813.281-813.649 [Zugriff 02.09.2022]

2 Zum besseren Verständnis im Hinblick auf den Elitebegriff und das Handeln der Eliten sei auf die folgenden Bücher verwiesen: Björn Wendt, Marcus Klöckner, Sascha Pommrenke, Michael Walter (Hrsg.), *Wie Eliten Macht organisieren – Bilderberg & Co. Think Tanks und Mediennetzwerke*, VSA, Hamburg 2016; Björn Wendt, Michael Walter, Marcus Klöckner (Hrsg.), *Die Machtelite. Charles Wright Mills*, Westend, Frankfurt am Main 2019

3 Marcus Klöckner, »Danke Nena!«. In: *NachDenkSeiten*, 26. März 2021, https://www.nachdenkseiten.de/?p=71067 [Zugriff 31.08.2022]

4 Ebd.

5 Marcus Klöckner, »Respektvoller Ton im Tagesspiegel-Forum: ›Die hat nen riesigen Dachschaden‹, ›dusselige Kuh‹, ›finde einen guten Arzt‹«. In: *NachDenkSeiten*, 27. Juli 2021, https://www.nachdenkseiten.de/?p=74650 [Zugriff 31.08.2022]

6 Verwiesen sei hier auf das Buch: Michael Meyen, Carsten Gansel, Daria Gordeeva (Hrsg.), *#allesdichtmachen - 53 Videos und eine gestörte Gesellschaft*, Ovalmedia, Berlin 2022

7 Vgl: Marcus Klöckner, *Zombie-Journalismus. Was kommt nach dem Tod der Meinungsfreiheit?*, Rubikon, München 2021. Und: Michael Meyen, Carsten Gansel, Daria Gordeeva (Hrsg.), *#allesdichtmachen. 53 Videos und eine gestörte Gesellschaft*, OVALmedia, Berlin 2022

8 Wolfgang Wodarg, *Falsche Pandemien. Argumente gegen die Herrschaft der Angst*, Rubikon, München 2021

9 Stefan Homburg, *Corona-Getwitter. Chronik einer Wissenschafts-, Medien- und Politikkrise*, Weltbuch, Dresden 2022

10 Benjamin Bidder, »›Diese Leute werden Sie auffressen‹«. In: *Der Spiegel*, 27. Dezember 2020, https://www.spiegel.de/wirtschaft/karl-heinz-paque-ueber-den-rechtspopulismus-der-oekonomen-diese-leute-werden-sie-auffressen-a-e8edad84-80d5-4a63-9f2b-aeb5edaa68f5 [Zugriff 31.08.2022]

11 Ulrike Guérot, *Wer schweigt, stimmt zu. Über den Zustand unserer Zeit. Und darüber, wie wir leben wollen*, Westend, Frankfurt am Main 2022, S. 16

ZITATE

»Wenn man das Geld nicht bezahlen will, muss man sich halt impfen lassen oder man muss demnächst leben wie ein Einsiedler, das ist die Wahrheit.« [1]

Karl-Josef Laumann, Minister für Arbeit, Gesundheit und Soziales des Landes Nordrhein-Westfalen (CDU), über die kostenpflichtigen Tests für Ungeimpfte

Die in diesem Buch versammelten Zitate sind nur eine kleine Auswahl der Dokumente, die bislang auf der Internetseite *ich-habe-mitgemacht.de* gesammelt wurden. Sie zeugen von der sprachlichen und psychischen Gewalt, der sich in der Pandemie Ungeimpfte und Maßnahmenkritiker ausgesetzt sahen. Wer sich die mittlerweile auf über 1.500 Zitate[2] angewachsene Internetseite *ich-habe-mitgemacht.de* anschaut, braucht starke Nerven. Was dort an Aussagen zusammengetragen wurde, ist für Demokraten eine Zumutung und für ein freiheitlich-demokratisches Gemeinwesen eine Schande. Zu finden sind teilweise so hetzerische, böse und widerliche Aussagen, dass wir sie mit unserem demokratischen Verständnis nicht ansatzweise in Einklang bringen können. Und sie stammen wohlgemerkt von Personen, die allesamt keine Dummköpfe sind. Viele von ihnen sind geübt im Umgang mit Sprache. Sie wissen um die Wirkung von Worten. Sie haben den Verstand, um, bevor sie den Mund aufmachen, zu erkennen, was ihre Worte anrichten. Viele von ihnen stehen in der Öffentlichkeit. Hochrangige Politiker, Journalisten, Wissenschaftler und Künstler gehören dazu. Wir reden hier also nicht von »Stammtischbrüdern«, die an einem geselligen Abend mit reichlich Bier den ein oder anderen

»verbalen Querschläger« rauslassen. Diesen Leuten darf und muss man unterstellen, dass sie genau wussten, was sie sagten und anrichten würden.

DOCH! IHR HABT ES GETAN!

Wir wissen nicht, wie manche Akteure reagierten, wenn man sie mit ihren Aussagen konfrontieren würde. Ein Teil – so zumindest die Hoffnung – wird vielleicht inzwischen einsehen, dass er es übertrieben hat. Ein Teil wird vielleicht sogar bereit sein, sich öffentlich zu entschuldigen. Ein anderer Teil wird, vermutlich, die Kritik für völlig unberechtigt halten. Einige werden sich womöglich drehen und wenden. Sie werden erklären, dass alles gar nicht so, sondern anders gemeint war. Dass sie falsch verstanden wurden. Dass sie es doch nur gut gemeint haben. Dass sie doch einfach nur »zu unser aller Wohl« beitragen wollten. Dass sie natürlich nicht aus einem autoritären, aus einem faschistischen Antrieb gehandelt haben. Dass sie nie und nimmer Menschen und Mitbürger ausgegrenzt, abgewertet, diffamiert oder gar bedroht hätten. Nun, was soll man ihnen sagen? Vielleicht das: Doch! Habt ihr! Lest eure Aussagen noch einmal. Schaut euch die Videos an, in denen ihr zu sehen seid und worin ihr nun mal das sagt, was ihr sagt.

Da es nun wirklich nicht sonderlich schwer zu verstehen ist, dass die Grund- und Menschenrechte unveräußerlich sind, lautet die Frage: Warum haben manche sich so verhalten, als wären diese Rechte eine Art Verhandlungsmasse, etwas, das Bürgern nur bei »gutem« Verhalten zugestanden wird? Wisst ihr eigentlich, auf welche Seite ihr euch stellt, wenn ihr Menschen aus unserer Mitte aufgrund von körperlichen Dispositionen (Impfstoff im Körper) von der Gesellschaft separieren wollt? Ist euch eigentlich bewusst, was es heißt, öffentlich eine unliebsame Gruppe an den Pranger zu stellen? Sie auszuschimpfen? Sie zu bedrohen? Ihnen Angst einzujagen und sie psychisch unter einen enormen Druck zu setzen? Sogar so weit zu gehen, dass ihr ihnen die Teilhabe am normalen gesellschaftlichen Leben absprecht? Habt ihr eine Ahnung, was in euren Mitbürgern vorgeht, wenn Politiker vorschlagen, dass sie erst wieder Geld bekommen sollen, wenn sie geimpft sind? Versteht ihr, was es heißt, wenn ein Mensch plötzlich vor der Wahl steht, sich einen zweifelhaften Impfstoff spritzen zu lassen, dem er nicht vertraut, oder seine Arbeit aufzugeben? Warum habt ihr euch nicht mäßigend verhalten? Warum habt ihr eure Mitbürger als »ultra-asoziale Vollidioten«, als »Deppen«, »Bekloppte«, als »Covidioten«, »Sozialschädlinge« und als »Blinddarm« bezeichnet? Ist das eure Art, in Konflikte zwischen gesellschaftlichen Gruppen zu treten? Das heißt ihr, die ihr doch von der Position der moralisch und intellektuell Überlegenen »argumentiert«, oder? Ihr wisst schon: Wenn ihr mit solchen Begriffen an Menschen herantretet, dann betreibt ihr Diskurssabotage. Ihr redet ständig von Pluralismus und dann, wenn es um echten Meinungspluralismus geht, dann blicken viele von euch voller Verachtung auf diejenigen, die es sich doch tatsächlich herausnehmen, eine Meinung zu vertreten, die von eurer fundamental abweicht. Nicht alle, aber einige von euch haben sich inszeniert als Pandemie-Moralisten, die sich herausnahmen, Mitmenschen von oben herab zu sagen, was richtig und falsch ist. Einige von euch traten voller Arroganz, Überheblichkeit und Selbstgefälligkeit in der Öffentlichkeit auf. Durch eure Mimik, Gestik und Semantik wurde eine Seite sichtbar, in der nicht wenige die Umrisse des Faschismus erkannt haben. Es ist jedenfalls eine Seite, die ein beachtlicher Teil der Bürger niemals mehr sehen möchte. Als gute Demokraten, die ihr doch gerne seid, solltet ihr wenigstens das, nun mit etwas Abstand, erkennen. Und noch etwas:

Habt ihr eigentlich auch nur im Ansatz begriffen, was die Einführung eines digitalen Impfausweises inklusive der entsprechenden Zugangskontrollen für eine freie Gesellschaft bedeutet? Versteht ihr, was es bedeuten kann, wenn Personalausweis und Impfausweis zusammengelegt werden?[3] Versteht ihr, wie weit der Grad der Überwachung, unter anderem auch durch harmlos wirkende »Apps« dieser Art, in China gediehen ist? In China findet vor unseren Augen ein digitaler Überwachungsalbtraum statt, aus dem die Bürger nicht mehr ausbrechen können. Versteht ihr, dass es nicht angebracht ist, abzuwiegeln und süffisant zu betonen, dass Deutschland ja nun mal nicht China sei? Könntet ihr wenigstens im Ansatz verstehen, warum Instrumente zur Überwachung und Kontrolle von Menschen, die breitflächig in einer Demokratie etabliert werden, enorme Gefahren für ein freiheitliches Gemeinwesen in sich tragen? Ist es wirklich so schwer, das intellektuell zu erfassen?

KRITIK – IM DEMOKRATISCHEN SINNE

Ja, das Thema dieses Buches ist voller Emotionen beladen. Aber dennoch, bei aller berechtigten Kritik: Die Kritik in einer Demokratie an einem kritikwürdigen Auftreten und Handeln bewegt sich immer auf Ebene des Wortes. Sie wird niemals zu Mitteln greifen, die eines Demokraten unwürdig sind. Sie wird niemals beleidigen oder bedrohen. Sie wird keine Hassmails schreiben. Sie wird niemals auch nur im Ansatz an psychische oder körperliche Gewalt denken oder gar anwenden. Sie wird mit Worten und Sprache das vermitteln, was vermittelt werden muss. Wo angebracht, mit der notwendigen Schärfe, ganz im Sinne einer demokratischen Kritik, aber auch mit Fairness und Klarheit.

DAS FASCHISTISCHE WIRD DA SEIN, WENN SICH DIE GELEGENHEIT BIETET

Die Kritik von Teilen einer Gesellschaft, die Faschismus schon im Keim erkennt, würde am eigentlichen Kern vorbeigehen, wenn sie sich nur auf die kritikwürdigen Aussagen und die Personen, die sie hervorbringen, konzentriert. Wenn all diejenigen, die mit ihren Aussagen und ihrem Verhalten Grenzen überschritten haben, sich entschuldigten und auch sich nicht noch mal so verhalten würden, dann wäre das gewiss sehr löblich und würde sehr zur Befriedung beitragen. Aber wäre damit das Grundproblem gelöst? Nach all dem, was in diesem Buch dargelegt wurde, kann die Antwort nur lauten: nein. Denn: Da das Autoritäre, das Faschistische durch eine Vielzahl von Faktoren immer in Menschen und Gesellschaften vorhanden ist, dauert es nie lange, bis andere Akteure, die sich ähnlich verhalten, die Bühne betreten. Sobald sich durch das Außen die Gelegenheit bietet, werden sie da sein. So ist es einfach. Bei Lichte betrachtet sind zwar viele der Aussagen, die auf der Internetseite *ich-habe-mitgemacht.de* aufgeführt werden, furchtbar und unerträglich, aber eine Gesellschaft, die in ihrer großen Mehrheit in der Lage ist, eine faschistische Saat zu erkennen, könnte solche Auswüchse sofort im Keim ersticken. Ein paar Hundert oder ein paar Tausend Hetzer, die die Gesellschaft spalten und einen Teil von ihr bedrohen und ausgrenzen wollen? Wenn einige Millionen sagen: »Stopp!«, dann ist die Hetzerei im Handumdrehen beendet. Doch das war nicht der Fall. Und da liegt das eigentliche Problem. Immerhin gibt es eine nicht zu unterschätzende Anzahl an Bürgern, die sehr wohl erkennen, wenn die Grund- und Menschenrechte mit Füßen getreten werden. Sie erheben ihre Stimme. Und sie vergessen nicht, was passiert ist. Sie fordern Aufarbeitung. Sie wollen in die Diskussion. Und das ist aus demokratischer Sicht nur konsequent und angebracht.

1 »Ich hingegen möchte an dieser Stelle ausdrücklich um gesellschaftliche Nachteile für all jene ersuchen, die freiwillig auf eine Impfung verzichten. Möge die gesamte Republik mit dem Finger auf sie zeigen.«[4]

Nikolaus Blome, Kolumnist, *Spiegel Online*

Der Beitrag des *Spiegel*-Kolumnisten Nikolaus Blome gehört wohl zu jenen in der Pandemie, die aufseiten der Maßnahmenkritiker und Ungeimpften die größte Empörung hervorgerufen haben. Aus einer Aussage wie seiner kann schnell mehr werden als nur ein »Fingerzeig«. Blome agiert als Brandstifter. Würde eine »gesamte Republik« auf eine Minderheit zeigen (zum Glück ist nicht die »gesamte Republik« dieser Handlungsanweisung gefolgt), dann wären wohl gewalttätige Übergriffe oder gar Lynchmorde nicht auszuschließen.

Bei der Einordnung und Analyse von Aussagen ist es wichtig, auch den Kontext zu berücksichtigen. Dazu gehört: Wo wurde die Aussage getätigt und wer tätigte sie? Blome ist Kolumnist für *Spiegel Online*. Das Nachrichtenportal gehört zu den reichweitenstärksten des Landes mit allwöchentlich Millionen von Lesern. Blome ist einer der bekanntesten Journalisten in Deutschland. Er war »stellvertretender Chefredakteur und Politikchef der *Bild*-Zeitung«[5] und von »2013 bis 2015 leitete er als Mitglied der Chefredaktion das *Spiegel*-Hauptstadtbüro«. Außerdem leitet er seit August 2020 »das Politikressort bei RTL und n-tv«. Mit anderen Worten: Hier spricht kein Schreiberling aus der fünften Reihe, der bei irgendeiner Wald-und-Wiesen-Zeitung arbeitet. Hier äußert sich in einer Kolumne ein Alpha-Journalist, dessen Meinung aufgrund seiner Reputation ein enormes Gewicht hat. Und *Spiegel Online* als allseits bekanntes Medium verleiht ihr noch mehr Gewicht.

Unter der Überschrift »Impfpflicht! Was denn sonst?« schreibt Blome mit der spitzen Feder eines »Top-Kolumnisten« zu einem Thema, das die ganze Republik bewegt. Es ist Dezember 2020, die

Corona-Krise läuft seit etwa neun Monaten. Die Stimmung ist aufgeheizt. In Teilen der Bevölkerung geht die Angst vor einer drohenden Corona-Impfpflicht um. Blome positioniert sich eindeutig. Er vertritt die Auffassung, dass eine Impfpflicht eingeführt werden sollte, rechtliche Bedenken sieht er keine. Scharf geht er mit der Politik ins Gericht und kritisiert diese für ihre Haltung und ist der Auffassung, »an diesem Punkt ziert sich die Obrigkeit«. Dass Blome so pointiert, wie es sich für einen guten Kolumnisten gehört, an das Thema rangeht, kann man ihm natürlich nicht zum Vorwurf machen. Auch darf er die Auffassung vertreten, eine Corona-Impfpflicht sei angebracht (auch wenn er diese Auffassung im Hinblick auf das Recht auf körperliche Unversehrtheit besser nicht vertreten sollte). Doch mit der Aussage, »möge die gesamte Republik mit dem Finger auf sie [die Ungeimpften] zeigen«, hat Blome mit der journalistischen Verantwortungspflicht gebrochen. Ein Journalist sollte viele Freiheiten im Hinblick auf seine Worte und seine Sprache haben. Eine freiheitlich-demokratische Gesellschaft kann und muss vieles ertragen, was von Journalisten als Meinungsäußerung in Form von Kommentaren, Kolumnen oder Glossen geschrieben und gesagt wird. Schließlich muss niemand ihre Meinung teilen. Es muss, gewiss, keine Goldwaage im Bereich der politischen Kommentierungen in der Presse verwendet werden. Doch über eine Aussage wie diese darf nicht einfach so hinweggegangen werden. Denn ein Journalist muss sich dessen bewusst sein, welch ein scharfes Schwert er mit der ihm gegebenen Reichweitenmacht hat. Und Blome ist kein unerfahrener Journalist, der bei seinen ersten journalistischen Gehversuchen »übersteuert« und dem gegebenenfalls ein Redakteur sagen würde, dass er sich vergaloppiert hat. Blome kann man unterstellen, dass er seine Worte mit Bedacht gewählt hat. Er sagt mit anderen Worten nichts anderes, als dass die Gruppe derjenigen, die sich nicht gegen Corona impfen lassen will, ein so verachtenswertes Verhalten an den Tag legt, dass man sie an den Pranger stellen sollte. Mit dem Finger auf jemanden zeigen heißt in unserem Sprachverständnis, jemanden bloßzustellen. Wenn *ein* Mensch auf einen anderen mit dem Finger zeigt, weil dieser aus seiner Sicht etwas getan hat, was moralisch verächtlich ist, dann kann das für den Betroffenen schon sehr schlimm sein. Wenn aber ein gesamtes Land einen Menschen oder eine Gruppe bloßstellt, dann hat das nichts mehr mit einem gewöhnlichen zwischenmenschlichen Konflikt zu tun.

Man kann es auch anders ausdrücken: Blome stellt die Ungeimpften an den Pranger und fordert im Grunde dazu auf, sie öffentlich verächtlich zu machen und zu demütigen. Mit dieser Forderung aber gibt er einer Eigendynamik eines gesellschaftlichen und individuellen Verhaltens einen Raum, den er gar nicht kontrollieren kann.

Blome hätte sein Anliegen auch anders formulieren können. Er hätte, zum Beispiel, auch schreiben können: »Möge die Politik mit ihren Mitteln dafür sorgen, dass sich alle Bürger impfen lassen.« Natürlich ist diese Formulierung inhaltlich etwas anders angelagert und nicht so scharf. Aber die Frage ist zu stellen, wie Blome überhaupt dazu kommt, in einer solch schwierigen und ohnehin angespannten Situation mit so brachialen Worten an die Öffentlichkeit zu treten. Stimmung schüren. Stimmung anheizen. Ja: aufheizen! Benzin ins Feuer gießen, das mag ein Journalist auch mal dürfen, aber es erfordert sehr viel Einfühlungsvermögen in Spannungssituationen und Verständnis von politischen und gesellschaftlichen Krisenzonen. Wer als Journalist zu diesen Mitteln greift, handelt so, als wolle er mit einem Sprengsatz eine Tür öffnen. Mitunter ist das Türöffnen auf diese Weise angebracht. Aber das sollte besser niemand tun, der kein ausgebildeter Sprengstoffexperte ist.

Blome hat den Sprengsatz trotzdem gezündet. Und er hat nachgelegt. Im November 2021 verfasste er eine weitere Kolumne, die es in sich hat. Darin heißt es: »Der Lockdown für alle kommt, das Hoffnungs-Narrativ der Politik zerbröselt. Wehe, wenn die Geimpften jetzt zornig werden.«[6] Und wieder zündelt der *Spiegel*-Kolumnist.

Was wird denn nun sein, wenn, »wehe«, »die Geimpften jetzt zornig werden«?, möchte man Blome fragen. Was ging in seinem Kopf vor? Was hat er erwartet (oder sich womöglich gewünscht)?

Angesichts von Blomes Aussagen gibt es noch ein weiteres Problem. Was um Himmels willen ging in der zuständigen *Spiegel*-Redaktion vor, die offensichtlich nicht mäßigend eingegriffen hat? Die Pandemie hat gezeigt: Es gab eine unfassbare, wirklich beschämende Komplizenschaft in den Redaktionen mit den Scharfmachern und Einpeitschern. In einer gesunden Medienlandschaft hätten Medien die Hetzerei sofort aufgefangen und die Kraft des Grundgesetzes entgegengehalten. Blomes Zitat hätte man als Entgleisung abtun können. Aber dem war nicht so. Es gab kein mainstreammediales Korrektiv. Aus diesem Grund steht das Zitat auf dem Buch-Cover. Auch darüber muss geredet werden. Wie mehrmals in diesem Buch angesprochen: mit Anstand und im Sinne eines sauberen demokratischen Diskurses. Demokraten setzen Hass und Hetze nicht Hass und Hetze entgegen. Sie sind in der Lage, Kritik so zu formulieren, dass sie in einem konstruktiven Sinne ankommt. Es bedarf dringend, wirklich: dringend! einer Aufarbeitung des Verhaltens von Medien und Journalisten in der Pandemie.

2 »Na, herzlichen Dank an alle Ungeimpften. Dank Euch droht der nächste Winter im Lockdown. [...] Die angekündigten Maßnahmen in Sachsen und Bayern sind ein Schlag ins Gesicht für alle, die in den vergangenen Monaten solidarisch waren, die sich haben impfen lassen. [...] Alle Impfverweigerer müssen sich den Vorwurf gefallen lassen, an der derzeitigen Situation mit schuld zu sein. Sie tragen Mitverantwortung dafür, dass die Gesellschaft wieder unter Druck gerät. [...] Und sie müssen sich fragen, welche Mitverantwortung sie haben an den wohl tausenden Opfern dieser Corona-Welle. Viel zu lange haben die politisch Verantwortlichen gezögert. Sie hätten viel früher den Druck auf Ungeimpfte erhöhen müssen. Sie hatten aber wohl Angst, dass sich die Wut der Ungeimpften in Wahlergebnissen niederschlägt. Das war fahrlässig und auch deswegen ist es nun, wie es ist: Die Welle lässt sich nicht mehr aufhalten.« [7]

Sarah Frühauf, Journalistin, MDR, *Tagesthemen*-Kommentar

Die *Tagesthemen* hatten im Jahr 2021 im Durchschnitt pro Sendung 2,47 Millionen Zuschauer.[8] Der Kommentar von Frühauf aus dem November 2021 konnte sich also einer enormen Reichweite erfreuen. Über ein Medium, das nach wie vor – zumindest in Teilen der Bevölkerung – über ein hohes Ansehen verfügt, attackiert sie unverhohlen die Ungeimpften. Gewiss, ein journalistischer Kommentar darf gerne zugespitzt und pointiert sein. Klare Worte, sagen, »was ist«, das macht einen guten Kommentar aus. Aber dieser Beitrag entbehrt jeder journalistischen Klasse. Er spaltet. In einer ohnehin bereits aufgeheizten Stimmung, in der die einen die Impfung und die anderen die Ungeimpften fürchten, heizt Frühauf die Stimmung noch weiter an. Bürger, Mitmenschen, die Angst vor einer umstrittenen Impfung haben, pfercht Frühauf unter dem Begriff »Impfverweigerer« zusammen. Sie bedient sich damit – wie es oft im Journalismus der Fall ist – eines Begriffs, der schön plakativ und »knallig« ist, aber letztlich nicht zu einer differenzierten Debatte beiträgt. Im Gegenteil. Die Debatte wird kontaminiert. Der Bürger, der sich Sorgen um seinen Körper wegen der Impfung macht, ist sofort mit einem negativen Label versehen. Solche Begriffe infiltrieren das Denken und können es auf eine Weise lenken, dass das Gegenüber nur noch in einer abgewerteten Form gedanklich erfasst werden kann. Der Begriff »weigern« kann zwar auch positiv konnotiert sein, aber Mimik, Gestik und auch die weiteren Aussagen lassen keinen Zweifel, dass die Verwendung hier einen stark negativen »Dreh« hat. Ein Verweigerer – ein Mensch, der in dem *Tagesthemen*-Kommentar die Position des Sturkopfes einnimmt. Ein Dickkopf, der nicht will, der sich verweigert, gleichsam wie ein störrischer Esel. Anstelle nach vorne zu gehen, seiner Aufgabe nachzukommen, bleibt dieses Tier (»Vieh«) einfach stehen. Und wenn ein Esel nicht will, was sein Besitzer tut, dann muss der Besitzer eben »nachhelfen«. Frühauf setzt den Begriff »Impfverweigerer« geschickt ein. Über den Qualitätsverfall im öffentlich-rechtlichen Journalismus wurde schon viel gesagt. Im Sinne einer journalistischen Qualitätskontrolle wäre es angebracht gewesen, von den jeweiligen verantwortlichen Redakteuren diesen Begriff zu streichen.

Geradezu perfide ist es, wie Frühauf den Begriff der »Solidarität« verwendet. Menschen, die sich haben impfen lassen, seien »solidarisch« gewesen. Sie überhöht dadurch die geimpften Bürger (und wertet parallel die Ungeimpften ab). Den Geimpften wird eine höhere (staatsbürgerliche) moralische Wertigkeit zugeschrieben. Während die einen »solidarisch« sind, also im Geist der Gemeinschaft handeln, handeln die anderen unsolidarisch, sind also egoistisch, nicht am Gemeinwohl orientiert. Das ist eine überaus gefällige Erzählung von Frühauf. Und aus soziologischer Sicht spiegelt sie geradezu perfekt eine der Grundeinstellungen des »Prätentionshabitus«, wie er so oft im journalistischen Feld anzutreffen ist (siehe dazu auch das Kapitel »Medien«). Die überwiegend aus der veritablen Mittelschicht stammenden Journalisten führen sich oft wie Moralapostel auf. Dadurch werten sie (unbewusst) auch ihre gesellschaftliche Position auf, die sich zwischen Unter- und Oberschicht befindet. Nirgendwo scheint der moralische Anspruch so hoch wie in weiten Teilen der Mittelschicht (nach außen hin). Ob er dann auch erfüllt wird, nun ja, das kann sicherlich jeder mit ein bisschen Beobachtungsgabe selbst herausfinden. Dieses Gerede von der Solidarität der Geimpften zerfällt auch dann sehr schnell, wenn man bedenkt, dass die reichen Länder zuerst Zugriff auf die Impfstoffe hatten. Wenn man schon daran glaubt, dass die Impfstoffe so unfassbar gut wirken, und von »Solidarität« redet, dann darf die Frage erlaubt sein: Wo war die Solidarität von Frühauf und Co mit den Menschen in armen Ländern? Warum haben diejenigen, die hier von Solidarität reden, sich nicht solidarisch mit den armen Menschen in anderen Ländern erklärt und ihre Impfdosis nicht diesen Menschen gegeben? Solidarität hört doch, wie wir gerade im Hinblick auf den Krieg in der Ukraine lernen, nicht an Ländergrenzen auf. Ja, ja, die Doppelmoral, sie wird so schnell sichtbar.

Frühauf fährt jedenfalls schwere Geschütze auf. »Mit schuld« seien die Ungeimpften. Allein schon zu dem Begriff »Schuld« müssten in der Analyse hier Ausführungen folgen, die den Rahmen sprengen würden. Schuld und Sühne, Schuld und Schuldspruch: In den Aussagen von Frühauf schwingen Anklage und Schuldspruch wie im Gleichklang. Was Frühauf hier macht, darf man regelrecht als Hetzerei betrachten. Sie hetzt geradezu die Geimpften gegen die Ungeimpften auf.

Es hat etwas von publizistischer Brandstiftung, wenn anstelle der Erfassung einer hochkomplexen Situation mit einer Vielzahl von Variablen, die es zu betrachten gilt, ein Sündenbock ausgemacht und vor einem Millionenpublikum präsentiert wird. Legt man die inhaltliche Essenz dieser Aussage frei, dann sagt Frühauf, so die hier angestellte Interpretation, Folgendes: Du, Ungeimpfter, bist schuld am »Corona-Tod« (mit oder an verstorben?) eines Mitmenschen. Es braucht nicht viel Vorstellungskraft, was so eine Aussage unter Umständen anrichten kann. Sie ist wie gemacht, um Hass entstehen zu lassen. Inhaltlich ist sie in dieser Zuspitzung weder in medizinischer noch journalistischer Hinsicht zu vertreten. Die Gründe dafür, dass Menschen sich mit Corona infizieren, erkranken und dann auch noch versterben, sind multifaktoriell zu erfassen. Doch die Sinnwelt des *Tagesthemen*-Kommentars ist eindimensional.

Frühaufs »Kritik« an der Politik zeigt hier sehr deutlich, dass Journalisten in der Pandemie mit Treiber einer Politik der Grundrechtsverletzung waren. Für nicht wenige Journalisten konnten Politiker gar nicht hart genug »durchgreifen«.

Mittlerweile zeigen auch die Mainstreammedien, dass die Impfung eben kein Kindergeburtstag ist. Menschen sind aufgrund der Impfung schwer erkrankt. Ihr Leben ist zerstört. Und andere sind aufgrund der Impfung, wie es aussieht, gestorben. Das gilt es sich vor Augen zu halten. Es gilt sich vor Augen zu halten, dass es gute (!) Gründe gab und gibt, kritisch der Impfung gegenüberzustehen. Als Journalistin wäre es die Aufgabe von Frühauf gewesen, die Gründe dafür in Erfahrung zu bringen. Aufgabe von Journalisten ist es, Sachverhalte, Informationen, Zusammenhänge fernab ihrer eigenen weltanschaulichen Überzeugungen zu sammeln und einzuordnen. Wer das nicht kann, ist für den Beruf des Journalisten nicht geeignet. Wenn Überzeugung Journalismus ersetzt, dann wird es oft düster. Der Kommentar von Frühauf war ein journalistischer Tiefpunkt.

3 »Jetzt bin ich genervt über die Schulklasse im Umkleideraum von meinem Sportverein, von der die Hälfte die Masken am Armgelenk trägt – auch nachdem ich sie darauf hingewiesen habe, dass sie dort niemanden schützen kann. Wieso gibt es da keine 6 für diese Schlampigkeit wie beim Vergessen der Sportschuhe?
Keine Maske zu tragen (bzw. sie nicht richtig zu tragen), ist eine Form von fahrlässiger Körperverletzung – ich akzeptiere, andere vielleicht anzustecken. [...] Diese Schlampigkeit von renitenten Jugendlichen darf nicht hingenommen werden. Und jemand, der keine Maske tragen will, gehört aus dem Schuldienst entfernt. [...] Denen müssen wir klar sagen, dass es reicht. Schluss mit dem Herauszögern, Schluss mit dem Verschlampen, Schluss mit dem Umgehen der Vorschriften, Schluss mit dem Impf-Schmarotzertum. Herdenimmunität fällt nicht vom Himmel. Selten war es so leicht, sie zu bekommen. Ein Piks genügt.« [9]

Martin Zeyn, Redakteur, *Bayerischer Rundfunk*

Der Kommentar von Martin Zeyn ist Ausdruck einer Machtfantasie, die über den »Machtbereich« des BR-Redakteurs eindeutig hinausgeht. Wäre es nicht schön, einmal Diktator zu sein und bestimmen zu können, welcher Mensch und Bürger aufgrund bestimmter Verhaltensweisen wo sein darf und wo nicht? Man hört die Machtgelüste förmlich aus jeder Zeile tropfen. Ja, wenn Zeyn das Sagen hätte ... ja, dann, dann wäre: »Schluss!«

Der Begriff »Schmarotzertum« erinnert an die Sprache der Nationalsozialsten. Ein kurzer Blick in einen *Wikipedia*-Artikel: »Die jüdische Minderheit wurde von den Nationalsozialisten [...] oft mit Tiermetaphern oder mit rassistischen Vergleichen aus der Schädlingsbekämpfung beschrieben. So schrieb Hitler in *Mein Kampf*: ›Der Jude ist und bleibt der typische Parasit, ein Schmarotzer, der wie ein schädlicher Bazillus sich immer mehr ausbreitet, sowie nur ein günstiger Nährboden dazu einlädt.‹«[10]

Ich halte nichts davon, bestimmte Wörter nicht mehr zu verwenden, nur weil sie im Dritten Reich gebraucht wurden (wie etwa Gleichschaltung). Wenn diese Begriffe aber zur Abwertung und Ausgrenzung von Menschen eingesetzt werden, dann ist Toleranz nicht angebracht. Der Begriff »Schmarotzer« wirkt im Kontext dieses Artikels verheerend. Der BR als öffentlich-rechtlicher Rundfunk, dem besondere Verantwortungspflichten obliegen, muss sich die Frage gefallen lassen, wie er so eine Sprache zulassen kann. Deshalb: Insbesondere die Rolle der Öffentlich-Rechtlichen, aber auch das Verhalten der Journalisten und ihrer Vorgesetzten in der Pandemie müssen aufgearbeitet werden.

4 »Kommt drauf an, ob sich in den nächsten Monaten genug Leute impfen lassen. Sonst sage ich voraus, dass wir ab Mitte Oktober wieder Probleme bekommen. Ich lasse bei diesem Thema auch nicht locker. Ich finde auch, es wird höchste Zeit, dass die Impfpflicht kommt. Es ist asozial, sich nicht impfen zu lassen.«[11]

Wolfgang Niedecken, Musiker, Frontmann der Band BAP

Auch die kulturellen Eliten haben bei der Abwertung der Ungeimpften mitgemacht. Was den BAP-Sänger, der sich doch so vehement gegen Rassismus einsetzt, zu dieser schlimmen Aussage getrieben hat, erschließt sich uns nicht. Wer selbstbestimmt über seinen Körper entscheidet und sich gegen die Corona-Impfung entscheidet, ist nicht »asozial«, sondern ein mündiger Mensch, dessen Entscheidung ein liberales Gemeinwesen zu akzeptieren hat. Es braucht niemanden, auch keine bekannten Sänger, die öffentlich mit einem derartig brutalen Begriff diese Mitbürger als außerhalb der Gemeinschaft stehend beschimpfen. Wer gegen Rassismus ist, sollte verstehen, was es bedeutet, Menschen und Mitbürger auszugrenzen.

5 »Es ist schon traurig, dass Menschen sich wie der Suppenkasper weigern, die Infektionsbrühe auszulöffeln, die ihr Verhalten uns eingebrockt hat. Nein, ihr seid nicht das Volk. Nein, ihr seid auch nicht die Stimme des Volks. Ja, die Mehrheit wünscht sich einen Kanzler, der die Corona-Politik nicht nur fortsetzt, sondern sogar noch härtere Maßnahmen durchsetzt. Fest steht: Wir sind also grundsätzlich unterschiedlicher Meinung. Richtig ist: Ihr seid wenige, wir viele. Deswegen kann ich nur in einem dem Twittermob zustimmen: Besser im Netz sich versammeln als auf der Straße. Da steckt ihr euch nur mit Dummheit an, aber nicht mit dem Virus.« [12]

Martin Zeyn, Redakteur, *Bayerischer Rundfunk*

Und wieder der BR-Redakteur Martin Zeyn. »Infektionsbrühe«, »Twittermob«, »Dummheit«: Wer mit so einer Sprache agiert, dem dürfte nicht an Diskussion gelegen sein. Auch hier kommen wieder typische Verhaltensweisen des dominierenden Habitus im journalistischen Feld zum Vorschein. Wie schon bei Frühauf (Zitat **2**) angemerkt: Der Wunsch nach einem »starken Mann« beziehungsweise einer starken Führungsfigur, der »härtere Maßnahmen« umsetzt, ist so typisch für den Habitus der

Prätention, den wir hier als Antrieb vermuten. Zeyn führt diesen (angeblichen) Wunsch der »Mehrheit« an und scheint regelrecht darin aufzugehen. Die Aussage »Ihr seid wenige, wir sind viele« und die Art und Weise, wie das geschieht, deutet darauf hin, dass auch eine gewisse Befriedigung empfunden wird, zur Mehrheit zu gehören. Ein weiter Hinweis für den zum Vorschein kommenden Habitus. Anpassung, sich an der Mehrheit orientierend, der Ruf nach Führung usw.: Auch wenn hier nur sehr holzschnittartig von uns formuliert, aber so in etwa sind weite Teile des Journalismus ausgerichtet.

6 »Hat jemand eine Idee, wie wir jemals aus dieser Pandemie kommen sollen, wenn sich Millionen von ultra-asozialen Vollidioten einfach nicht impfen lassen wollen? Wenn diese Deppen allen Ernstes glauben, dass man an der Impfung stirbt, und das, obwohl sie bereits milliardenfach (!) weltweit verabreicht wurde?« [13]

Andreas Läsker, Manager der Band Die Fantastischen Vier

»Ultra-asoziale Vollidioten«? »Deppen«? Weitere Beschimpfungen, die ungeimpfte Mitbürger über sich haben ergehen lassen müssen. Woher mögen diese Aggression und der Hass gegen Ungeimpfte gekommen sein? Wie kommt der Manager der Fantastischen Vier dazu, mit den Ungeimpften auf eine sprachlich so übergriffige Weise ins Gericht zu gehen? Wir wissen: Vielen Bürger ziehen ihre Realitätsvorstellungen aus den Medien. Gerade dann, wenn Medien Hass und Hetze gegenüber einer bestimmten Gruppe von Bürgern verbreiten, liegt es nahe, dass Bürger den von den Medien geschürten Hass aufgreifen und selbst weitergeben. Sie wähnen sich dabei noch im Recht. Sie glauben, sie seien »die Guten«. Wie Medien Scheinrealitäten erzeugen können, davon haben sie oft keine Ahnung. Medien müssen »die Wahrheit« nur oft genug wiederholen, und nicht wenige Bürger glauben das, was sie in den Medien hören, lesen und sehen.

Wie hätten Läsker und so manch anderer Bürger reagiert, wenn die Berichterstattung nicht aggressiv, sondern liberal gegenüber den Ungeimpften gewesen wäre? Hätten sie dann auch auf diese Weise die Ungeimpften beschimpft?

7 »Sich nicht impfen zu lassen ist ein Angriff auf die Freiheit all jener, die trotz Corona ihren Alltag zurückhaben wollen. So sollte es auch geahndet werden. Wer sich nicht an die Impfpflicht hält, muss Nachteile erfahren, die über Geldstrafen hinausgehen. Er wird nicht mehr mit Bussen und Bahnen fahren oder fliegen dürfen und seinen Beruf ausüben können. Eine Impfpflicht muss Rechtssicherheit schaffen, Ungeimpfte aus allen Teilen des öffentlichen Lebens auszuschließen, so hart das klingt. Auch ein Impfregister würde helfen, die Pflicht umzusetzen. Ohne ein solches ist es schwer herauszufinden, wer noch nicht geimpft ist.« [14]

Jürgen Klöckner, Hauptstadtkorrespondent des *Handelsblatts*

Der *Handelsblatt*-Hauptstadtkorrespondent skizziert hier unterm Strich eine Dystopie. Was er schreibt, hat mit unserer freiheitlich-demokratischen Grundordnung, in der Grundrechte unveräußerlich sind, nichts gemein. Hier wird der Separierung von Menschen das Wort geredet. »Impf-Apartheid« ist der richtige Ausdruck, um Klöckners Vorstellung zusammenzufassen. In den Aussagen des Korrespondenten schwingt ein starker Hang zum Autoritären mit.

8 »Man kann die Nichtgeimpften zwar nicht abführen oder zwangsimpfen, aber wir können sie von allem Möglichen ausschließen und uns so vor ihnen schützen.« [15]

Prof. Borwin Bandelow, Psychologe, Angstforscher an der Klinik für Psychiatrie und Psychotherapie der Universität Göttingen

»Abführen« und »zwangsimpfen«: Allein beim Aussprechen solcher Wörter sollte es jedem Demokraten kalt den Rücken runterlaufen. Fehlt nur das Wort »leider«, das aber unüberhörbar mitschwingt. Man will nicht wissen, was in so manchem Kopf während der Pandemie vorgegangen sein mag. In Anbetracht des nicht zu leugnenden faschistischen Moments wäre es unter verschärften Bedingungen wohl zu einem Albtraumszenario für die Ungeimpften gekommen. Aber Borwin Bandelow kann zufrieden sein, Ungeimpfte wurden tatsächlich »von allem Möglichen « ausgeschlossen. Interessant nur, dass ein Angstforscher offensichtlich null Verständnis für Menschen aufbringt, die Angst vor einer Impfung haben. Und da spielt es keinerlei Rolle, ob diese Angst berechtigt oder nicht ist.

9 »Der Chef der Bundesagentur für Arbeit, Detlef Scheele, sieht bei Einführung einer allgemeinen Corona-Impfpflicht auch Konsequenzen für den Arbeitsmarkt. Wenn es eine allgemeine Impfpflicht gebe und Verstöße mit Rechtsfolgen verbunden seien, könnten ›Arbeitgeber einen Bewerber ablehnen, weil er nicht geimpft oder genesen ist‹, sagte Scheele den Zeitungen der Funke-Mediengruppe. ›Auch wir als Bundesagentur müssen dann prüfen, ob eine fehlende Impfung zu einer Sperrzeit führt.‹ Eine Sperrzeit bedeutet, dass ein Arbeitsloser für eine bestimmte Zeit kein Arbeitslosengeld bekommt.«[16]

Detlef Scheele, Vorstandsvorsitzender der Bundesagentur für Arbeit (bis Ende Juli 2022), SPD-Politiker

Was hat es mit Menschen gemacht, die ungeimpft waren und plötzlich Angst haben mussten, kein Arbeitslosengeld mehr zu erhalten? Wir reden hier also von Menschen, die oft eh bereits in einer schwierigen finanziellen Situation waren/sind. Wie haben sich diese Menschen gefühlt, als sie solche Nachrichten gehört haben? Es ist erschreckend und erschütternd zugleich, mit welch einer

Selbstverständlichkeit Detlef Scheele, immerhin Chef der Bundesagentur für Arbeit, in diesem Interview über die Auswirkungen auf die Ungeimpften spricht. Hier durfte man, im Sinne unserer Verfassung – genauso wie im Sinne der Menschlichkeit – erwarten, dass endlich auch einmal einer aus den Reihen der Führungseliten aufbegehrt, »Unrecht« (selbst wenn es tausendmal von Politik und Gerichten als »Recht« bezeichnet würde) als solches anspricht und sich vor die Ungeimpften stellt. Gerade in solchen Zeiten, wo Minderheiten so massiv angegangen werden, kommt es darauf an, dass Führungseliten den Mund aufmachen, sich einsetzen, versuchen, mäßigend einzugreifen. Das ist, gewiss, naiv gedacht. In der Realität verhalten sich Führungseliten nahezu immer herrschaftskonform. Egal, worum es geht.

10 »Was es jetzt braucht, ist nicht mehr Offenheit, sondern ein scharfer Keil. Einer, der die Gesellschaft spaltet. [...] Richtig und tief eingeschlagen, trennt er den gefährlichen vom gefährdeten Teil der Gesellschaft.« [17]

Christian Vooren, Redakteur, *ZEIT Online*

Unter der Überschrift »Die Gesellschaft muss sich spalten!« positioniert sich der *ZEIT-Online*-Redakteur in seiner Kolumne in aller Deutlichkeit. Er ist der Auffassung, die Gesellschaft *müsse* sogar gespalten werden. In dem Beitrag wimmelt es nur so von abwertenden Begriffen: »Trotzige«, »Abgedrehte«, »Reichsbürger«, »Verschwörungsmythiker«. Die Signalwörter »Antisemitismus« und »Rechtsextremismus« garnieren die negative Rahmung der Gruppe, gegen die Vooren zu Felde zieht. Er stellt klar, wo er seine Mitbürger, die sich beharrlich einer Impfung verweigern, stehen sieht: an der »Blödsinnsflanke«. Für den Journalisten ist die Lösung denkbar einfach: Spaltung. Mit einem »scharfen Keil«, der »richtig und tief« einschlägt, soll das Problem gelöst werden.

Was Vooren schreibt, ist brutal. Es ist im Sinne einer freiheitlich-liberalen Demokratie unerträglich. Wir fragen uns: Was für ein Demokratieverständnis liegt in diesen Zeilen? Die Unbequemen, die, die sich nicht so verhalten wie die Mehrheit, die es tatsächlich wagen, eine eigene Meinung zu haben, die sollen durch einen scharfen Keil, also: mit dem Hackebeil, abgetrennt werden von der Gesellschaft? Vooren glaubt ein »Problem« erkannt zu haben. Was er offensichtlich nicht erkennt: Das tatsächliche Problem sind doch nicht Menschen, die im Hinblick auf einen umstrittenen Impfstoff ihr Recht auf körperliche Unversehrtheit anführen. Das Problem sind doch keine »Querdenker«, die eine eigene Jobbörse für Ungeimpfte initiieren. Das eigentliche Problem sind seine Gedanken, die er in dieser Kolumne freimütig äußert. Wo würde unsere freiheitlich-demokratische Gesellschaft landen, wenn sie alle Mitglieder, die nicht in »Reih und Glied« laufen, mit einem »scharfen Keil« von sich »abspalten« würde? Wie genau würde die »Abspaltung« mit einem »scharfen Keil« aussehen? Sollten alle, die sich der Impfung widersetzen, von einem Überfallkommando aus ihrer Wohnung gezerrt werden? Samt Kindern? Und dann? Wohin sollte man sie bringen? Nach »Madagaskar«? So wie damals, in dieser nicht so ganz hellen Zeit, vorgeschlagen? Was würde man mit ihnen machen wollen, wenn sie nicht mehr Teil dieser Gesellschaft sein dürften? Ich meine, die Formulierungen mit einem »scharfen Keil« und »richtig und tief einschlagen« lassen nicht viele Optionen zu. Um es abzukürzen: Dieser Beitrag gehört mit zu dem Schlimmsten, was sich Journalisten in der Pandemie geleistet haben.

11 »Es gibt einen klaren Unterschied zwischen Pflicht und Zwang. Wir müssen im Notfall Menschen mit Geldauflagen zum Impfen bewegen. Das, was wir jetzt mit 2G haben, wird greifen, der Zugang zu Arbeitsplätzen ist betroffen. Das ist eine Frage der Ausgestaltung. Aber ich will nichts ausschließen, was im Rahmen der Verfassung möglich ist.« [18]

Winfried Kretschmann, Ministerpräsident von Baden-Württemberg *(Antwort in einem Interview auf die Frage: »Sie halten es nicht für ausgeschlossen, dass eine Situation kommt, in der Menschen mit Polizeigewalt zum Impfen gezwungen werden?«)*

Die Aussagen von Winfried Kretschmann erschüttern. Sie verdeutlichen einmal mehr, wie sich Politiker gegen Bürger, die Bedenken gegen die Impfung hatten, positioniert haben. Die *taz* stellt Kretschmann in einem Interview zwischen Weihnachten und Neujahr eine klare Frage und will wissen, ob unter Umständen »Menschen mit Polizeigewalt zum Impfen gezwungen werden«. Darauf kann es von einem Politiker, der das Grundgesetz, den Geist der Demokratie und den Nürnberger Kodex verstanden hat, nur eine Antwort geben. Sie besteht aus einem Wort: »Nein!« Kretschmann weicht aber aus, geht sogar so weit, dass Menschen mit »Geldauflagen« zum Impfen gezwungen werden sollten. Er spricht an, was bereits für sich genommen eine Ungeheuerlichkeit ist, nämlich: dass Ungeimpfte nicht mehr zu ihrem Arbeitsplatz kommen können. Mit anderen Worten: Menschen, die gute Bürger waren, sind von heute auf morgen ihrer ökonomischen Existenz beraubt – es sei denn, sie geben dem Zwang nach und lassen sich einen Impfstoff spritzen, den sie aus guten Gründen für bedenklich halten. Wenn Kretschmann sagt, er wolle nichts ausschließen, was im Rahmen der Verfassung möglich sei, dann lässt das nichts Gutes ahnen. Schließlich: Die Verfassung hat einmal einen guten Schutz gegen Übergriffe des Staates geboten. Aber wenn die Verfassung ausgehebelt und ein »Infektionsschutzgesetz« ausgearbeitet wird, dass – bei Lichte betrachtet – die Verfassung sticht, dann bedeutet so eine Aussage: Gefahr! Wie Kretschmann – immerhin ein Ministerpräsident, also ein ranghoher Politiker – hier auf die Frage geantwortet hat, lässt tief blicken. Auch deshalb: Aufarbeitung!

12 »Palmer hat auch ganz praktische Vorschläge zur Impfpflicht: Er würde ungeimpfte Über-60-Jährige gegenüber Jüngeren priorisieren und schlägt eine Nachweispflicht gegenüber dem Arbeitgeber oder der Rentenkasse vor. ›Wer bis 15. Januar keine Erstimpfung vorweisen kann, erhält kein Geld mehr bis zur Vorlage der Impfbescheinigung.‹« [19]

Boris Palmer, Oberbürgermeister von Tübingen (Bündnis 90/Die Grünen)

Boris Palmer ist ebenfalls ein bekannter Politiker, der mit Aussagen aufbietet, die für den Geist unserer freiheitlich-demokratischen Gesellschaft unerträglich sind. Wenn der grüne Oberbürgermeister sagt, dass ungeimpfte Arbeitnehmer und Rentner kein Geld mehr bekommen sollen, dann ist das ein politischer Amoklauf. So etwas darf ein demokratischer Politiker, der mit den Füßen auf dem Boden des Grundgesetzes stehen sollte, nicht einmal denken, geschweige denn aussprechen.

13 »Aber wenn sie ungeimpft auch nicht mehr arbeiten können, brauchen sie auch keinen öffentlichen Personennahverkehr mehr, um dahin zu kommen. Ja, so hart ist das!« [20]

Prof. Frank Ulrich Montgomery, Vorstandsvorsitzender des *Weltärztebundes,* Radiologe, Aufsichtsratsvorsitzender der *Deutschen Apotheker- und Ärztebank*

Für das Verfassen dieses Buches haben wir wohl so ziemlich alle Zitate gesichtet, die auf der Internetseite *ich-habe-mitgemacht.de* zu finden sind. Diese Aussagen von Montgomery gehören für uns mit zu dem Übelsten, was mir unterkommen ist.

Man achte auf eine erste unfassbare Ungeheuerlichkeit, sie sogleich von einer zweiten unfassbaren Ungeheuerlichkeit überdeckt wird. Montgomery sagt nämlich zuerst, wenn man als Ungeimpfter nicht mehr arbeiten kann, dann ... Moment! Stopp! Halt! Nein! Bleiben wir bei der ersten Ungeheuerlichkeit. Wenn die Ungeimpften nicht mehr arbeiten können?! An dieser Stelle sollte man innehalten.

Das Klima in Deutschland war so, dass solch eine Aussage ohne größere Probleme, ohne größeren Widerstand, getätigt werden konnte. Montgomery hat diese Sätze in einem *n-tv*-Interview gesagt. Man kann nachlesen, wie die Journalistin, die das Interview geführt hat, reagierte. Keine Empörung. Kein kritisches Nachfragen. Es sind die Schlussworte Montgomerys. Hier wird auch das schwere Versagen des Journalismus in der Pandemie deutlich. Montgomery kann auf diese Weise reden, weil er weiß, dass es innerhalb der Medien kaum oder gar keinen Gegenwind geben wird. Um es klarzumachen: Wir reden hier davon, dass Menschen, dass Mitbürger nicht mehr ihrer Arbeit nachgehen können, weil sie ungeimpft sind. Jeder von uns weiß, wie wichtig die Arbeit für die Menschen in unserer Gesellschaft ist. Ohne Arbeit kann die gesamte ökonomische Existenz zusammenbrechen. Und wenn die ökonomische Existenz kollabiert, kollabiert oft auch das gesamte Leben. Es gibt sogar Menschen, die haben sich aufgrund einer Kündigung das Leben genommen. Zu viel hängt bei vielen, wenn nicht den allermeisten von der Arbeit ab. Der Druck, der auf einen Bürger ausgeübt wird, indem man ihm droht, ihm seine Arbeit wegzunehmen, ist enorm. Viel schlimmer kann es kaum werden. Die nächsten Schritte wären dann schon sehr nahe an der reinen Barbarei.

Montgomery spricht das Ungeheuerliche so aus, als sei es das Normalste der Welt. Er bindet als hochgestellte Persönlichkeit das Ungeheuerliche ein in die »neue Normalität«.

Der Vorstandssitzende des *Weltärztebundes* gehört zu jenen, die sich während der Pandemie mit Eifer zu Wort gemeldet haben (beziehungsweise darum gebeten wurden). Bei *Anne Will*, das heißt: vor einem Millionenpublikum, sprach Montgomery von einer »Tyrannei der Ungeimpften«[21], und bei *maybrit illner* meinte er, die Ungeimpften könne man nur auf zweierlei Weise überzeugen: mit Zuckerbrot und Peitsche. »Wir haben es mit Zuckerbrot probiert, das hat nicht funktioniert«,[22] so Montgomery. In dieser Aussage schwingt für mich der Geist des Faschismus mit. Bei der Interpretation von Aussagen und auch bei der Einordnung von Wörtern, die ein Sprecher gebraucht, ist natürlich immer der Kontext zu berücksichtigen. Kaum einer wird den Ausdruck »Zuckerbrot und Peitsche« nicht kennen. Im Alltag mag diese Formulierung unverdächtig und ohne Faschismusverdacht gebraucht werden können. Wenn es aber um die staatliche und gesellschaftliche Ausgrenzung von Menschen geht, dann müssen bei solch einer Formulierung alle Faschismusdetektoren anspringen. Man kann es auch anders ausdrücken: Bist du nicht willig, dann gebrauch ich Gewalt. Und Montgomery hat das nicht irgendwo in einer kleinen Stammtischrunde, sondern vor einem Millionenpublikum gesagt. Auch wenn diese Aussage im übertragenen Sinne zu verstehen ist: Sie ruft unvermittelt Bilder von Menschen hervor, die die Peitsche zu spüren bekommen. Man denke nur an Regimes, in denen Auspeitschung als Strafe verhängt wird. 50, 60, 70 und mehr Peitschenhiebe. Die Menschen brechen regelmäßig unter den Peitschenhieben zusammen. Sie sind für ihr Leben gezeichnet – äußerlich und innerlich. Was Montgomery gesagt hat, ist nicht nur widerlich, es war auch, bei Lichte betrachtet, völlig unangebracht. In einer Demokratie, in einem freiheitlich-liberalen Gemeinwesen, gebraucht der Staat keine Peitschenhiebe (auch nicht im übertragenen Sinne), um Bürger zu einem bestimmten Verhalten zu bewegen. Montgomery hat genau dieses Sprachbild gewählt. Gesagt ist gesagt. Und da hilft es auch wenig, wenn er in dem *n-tv*-Interview verkündet, dass er nicht für die gewalttätige Durchsetzung einer Impfpflicht sei: »Das geht wirklich in unserer freiheitlichen Grundordnung nicht.«

Kommen wir zurück zu dem obigen Zitat. Ungeimpfte können also nicht mehr arbeiten. Und wenn sie nicht mehr arbeiten, brauchen sie auch keinen Personennahverkehr mehr. Hier spricht der Vorstandsvorsitzende des *Weltärztebundes* davon, dass ungeimpfte Menschen nicht mehr arbeiten können, und setzt dann, fast schon locker leicht, noch eine zweite Ungeheuerlichkeit drauf, indem er sagt, dass diese Mitbürger dann ja auch nicht mehr den Personennahverkehr nutzen müssten. Nun, also erst nimmt man den Ungeimpften ihre Arbeit. Dann dürfen sie nicht mehr in Bus und Bahn. Was wird man ihnen noch wegnehmen? Wasser dürfen sie aber schon noch trinken? Uns reicht es an dieser Stelle. Mehr wollen wir nicht dazu schreiben. Nur: Montgomery sollte sich öffentlich für seine Aussagen entschuldigen.

14 »›Wir dürfen denen, die sich nicht impfen lassen, wirklich nicht die Chance geben, die Impfung zu umgehen, zum Beispiel, indem sie sich freitesten lassen‹, sagte er [Lothar Wieler]. Um das Impf-Tempo zu erhöhen, sollte auch in Apotheken geimpft werden. ›Ich sag das jetzt mal ganz klar: Es muss jetzt Schluss sein, dass irgendwer irgendwelchen anderen Berufsgruppen aufgrund von irgendwelchen Umständen nicht gestattet, zu impfen. Wir sind in einer Notlage‹, betonte Wieler. ›Jeder Mann und Maus, der impfen kann, soll jetzt gefälligst impfen. Sonst kriegen wir diese Krise nicht in den Griff.‹«[23]

Prof. Lothar Wieler, Tierarzt und Fachtierarzt für Mikrobiologie, Präsident des Robert Koch-Instituts

Lothar Wieler gehört als Chef des RKI zu den Hauptakteuren während der Corona-Pandemie. Während diese Bundesbehörde auch zweieinhalb Jahre nach Beginn der Pandemie nicht in der Lage war, brauchbare Daten zur Evaluierung des Geschehens zu liefern,[24] meint Wieler, dass man »gefälligst« weiterimpfen muss. Auf alles einzugehen, was im Hinblick auf ihn zu kritisieren wäre, würde den Platz hier sprengen. Aber das Zitat zeigt, wie unter einer Lupe, warum Kritik angebracht ist. »Wir dürfen denen, die sich nicht impfen lassen, wirklich nicht die Chance geben, die Impfung zu umgehen ...« Diese Aussage empfinden wir als verachtenswert. Sie tritt die körperliche Selbstbestimmung des Menschen und Bürgers mit Füßen. Der Mensch wirkt hier wie ein Stück Vieh, das es zu jagen gilt, dem man jeden Ausweg verbauen muss, das man auf keinen Fall entkommen lassen darf. Wie haben sich die Ungeimpften gefühlt, als sie diese Aussage gehört haben?

15 »Wer die Wirkung der Impfung bestreitet, handelt völlig verantwortungslos und ruft negative, gesellschaftliche Konsequenzen hervor.«[25]

Andreas Bovenschulte, Bürgermeister von Bremen (SPD)

Der Bremer Bürgermeister darf gerne selbst glauben, die Wirkung der Impfung sei unstrittig. Wenn sich nun aber Bürger zu diesem Thema eine eigene Meinung bilden, sich zum Beispiel über gentechnisch veränderte Impfstoffe und entsprechende Studien informieren, und zu dem Schluss kommen, dass sie diese Impfung nicht wollen, dann ist das ihr gutes Recht. Das sieht Bovenschulte entschieden anders und fährt nun schweres Geschütz auf. Wer nicht seiner Meinung ist, hat in dieser Gesellschaft nichts zu suchen. Hier kommt eine Politik zum Vorschein, die das, was nun mal auch ein freiheitlich-demokratisches Gemeinwesen ausmacht, nämlich: freier Wille und die Fähigkeit, sich so inhaltlich zu positionieren, wie es jeder Bürger selbst für sich als richtig empfindet, mit Füßen tritt.

16 »›Unsere Wirtschaft und das soziale Miteinander werden in einem Jahr kollabieren, wenn wir nicht zu einer allgemeinen Impfpflicht kommen‹, sagte Dirk Rossmann in einem Podcast des ›Kölner Stadt-Anzeigers‹ sowie des Redaktionsnetzwerks Deutschland laut Meldung vom Freitag. ›Es ist für mich ein unbedingter Akt der Vernunft und des Verantwortungsgefühls, eine allgemeine Impfpflicht umzusetzen. Sonst kriegen wir dieses Problem nicht in den Griff.‹ Er selbst denke schon seit längerem so, habe sich aber zurückgehalten, sagte Rossmann weiter. ›Ich wusste, ich mache mich nur unbeliebt beziehungsweise kein Mensch hätte auf mich gehört.‹ Jetzt sei in der Gesellschaft aber ein ›Wind Of Change‹ spürbar. Es gehe nicht, dass ›eine Minderheit eine Mehrheit diktiert‹, sagte der Unternehmer mit Bezug auf das Impfen.« [26]

Dirk Rossmann, Chef und Gründer der Drogeriekette *Rossmann*

Zu Dirk Rossmann muss man nicht viel sagen. Er gehört als Gründer der gleichnamigen Drogeriekette mit zu den bekanntesten Deutschen aus dem Bereich Wirtschaft. Er ist immer mal wieder in Talkshows zu sehen, wo er sich zu kontroversen Themen einbringt. So weit, so gut. Rossmann hat sich also auch für die Impfpflicht eingesetzt und bezeichnet deren politische Umsetzung als »unbedingter Akt der Vernunft und des Verantwortungsgefühls«. Wenn mit solchen Formulierungen in der Öffentlichkeit hantiert wird, ist Vorsicht geboten. Die Umsetzung einer allgemeinen Impfpflicht in den geradezu absoluten Kategorien von »Vernunft« und »Verantwortungsgefühl« zu befürworten, kann als Akt der Manipulation bewertet werden. Schließlich: Wer gegen die Impfpflicht ist, sieht sich als unvernünftig und ohne Verantwortungsgefühl dargestellt. Rossmann geht schließlich so weit zu sagen, es gehe nicht an, dass »eine Minderheit eine Mehrheit diktiert«. Nur: »Diktiert« hat die Minderheit der Mehrheit gar nichts. Die Minderheit wollte in Ruhe und Frieden leben und ihre Grundrechte beanspruchen. Sonst nichts. *Diktiert* haben zahlreiche Führungseliten aus allen gesellschaftlichen Teilbereichen. Nämlich: Sie haben den Ungeimpften diktiert, wie sie sich zu verhalten haben, das heißt: sich impfen zu lassen. Diktiert wurde ihnen auch, über welche ihrer Grundrechte sie – gnädigerweise – noch verfügen durften und über welche nicht. Und zur Realität gehört auch: Rossmanns Aussage »Unsere Wirtschaft und das soziale Miteinander werden in einem Jahr kollabieren, wenn wir nicht zu einer allgemeinen Impfpflicht kommen«, war falsch. Weder ist die Wirtschaft noch das soziale Miteinander kollabiert (auch wenn beides erheblich belastet wurde – aufgrund entsprechender Spaltungsversuche vonseiten der Eliten). Das ist schlicht und einfach für jeden empirisch überprüfbar. Bis Rossmann die angeführten Aussagen zurücknimmt, kaufen wir nicht mehr bei Rossmann ein.

17 »Ungeimpfte werden auch in Zukunft Tests benötigen, müssen diese aber selbst bezahlen. Das kann schnell ins Geld gehen. Laumann sieht darin aber kein Problem: ›Wenn man das Geld nicht bezahlen will, muss man sich halt impfen lassen oder man muss demnächst leben wie ein Einsiedler, das ist die Wahrheit.‹« [27]

Karl-Josef Laumann, Minister für Arbeit, Gesundheit und Soziales des Landes Nordrhein-Westfalen (CDU)

In dieser Aussage verdichten sich die Arroganz und Überheblichkeit einer Politik, deren Vertreter offensichtlich längst vergessen haben, dass sie vom Volk gewählt wurden und auch den Armen zur Seite stehen müssen. Auf eine geradezu perfide Weise im Hinblick auf die unveräußerlichen Grundrechte setzt Laumann insbesondere jene Ungeimpfte unter Druck, die über geringe finanzielle Mittel verfügen. Für sie, das erkennt der CDU-Politiker richtig, bestehen letztlich nur die beiden Optionen, nicht mehr am öffentlichen Leben teilzuhaben (also ausgeschlossen zu sein) oder aber sich dann doch der Impfung zu unterziehen. Die Übergriffigkeit, aber auch das

Totalitäre, das in diesen Aussagen zum Vorschein kommt, ist für die Demokratie unerträglich.

18 »Ungeimpfte Besucher:innen erhalten keinen Zutritt.«[28]

Besuchsregelung am St. Vincenz-Krankenhaus Limburg

Ein Krankenhaus, das Ungeimpften den Zutritt verweigert. Und davon gab es viele. Und selbst heute noch gilt diese Praxis in manchen Krankenhäusern.

19 »Kik-CEO fordert Impfpflicht in Deutschland: ›Die Impfstoffe sind sicher‹«[29]

Patrick Zahn, CEO *KIK Textilien und Non-Food GmbH*

Ein Angehöriger der deutschen Wirtschaftseliten, der sich anmaßt, ein Statement zur Sicherheit der Impfstoffe abgeben und Forderungen stellen zu können. Die vielen Impfgeschädigten dürften das anders sehen. Aufgrund dieser Aussage kaufen wir bis zu einer Rücknahme nicht mehr bei *KIK* ein.

20 »Heute Abend leuchtet Bad Nauheim nicht so bunt und hell, wie ihr es gewohnt seid. Wir haben das Licht auf der Kiespromenade nicht eingeschaltet und setzen ein Zeichen gegen Impfgegner, Coronaleugner, Maskenverweigerer und rechtes Gedankengut. In diesem Zusammenhang ruft auch der Ausländerbeirat der Stadt Bad Nauheim zu Solidarität auf: https://solidarische-wetterau.de.«[30]

Bad Nauheim Stadtmarketing und Tourismus GmbH

Die Stadtverantwortlichen in Bad Nauheim meinten also, sie müssten »ein Zeichen« setzen. Wie immer wieder auch in den

Medien werde Rechte, Impfgegner und generell: Bürger, die gegen die Maßnahmen auf die Straße gehen, in einem Atemzug genannt. Es ist nur eine von zahlreichen Aktionen, die verdeutlichten, wie man der Kritik an den schwersten Grundrechtseinschränkungen seit Bestehen der Republik von manch offizieller Seite begegnete. Unser Rat: Ein Demokratie-Update ausführen!

21 »Hamburger Joggerinnen und Jogger müssen an Alster, Elbe und im Jenischpark einen Mund-Nasen-Schutz tragen. Nach Auffassung des OVG der Hansestadt dürfte die Maßnahme verhältnismäßig sein. Das Oberverwaltungsgericht (OVG) Hamburg hat die vom Senat erlassene Maskenpflicht für Joggerinnen und Jogger an Alster, Elbe und im Jenischpark bestätigt. Ein anderslautender Beschluss des Verwaltungsgerichts sei geändert und ein entsprechender Eilantrag gegen die distanzunabhängige Maskenpflicht an Wochenenden und Feiertagen in der Zeit zwischen 10.00 Uhr und 18.00 Uhr abgelehnt worden, teilte ein Gerichtssprecher am Donnerstag mit. Der Senat hatte Beschwerde gegen den Beschluss der Vorinstanz eingelegt, die dem Antragsteller, der in Elbnähe wohnt, gefolgt war. Die Entscheidung des OVG ist unanfechtbar (Beschl. v. 01.04.2021, Az. 5 Bs 54/21).«[31]

Oberverwaltungsgericht Hamburg

Der Beschluss des OVG Hamburg ist nur einer von zahllosen, der zeigt, dass Gerichte Maßnahmen gehalten, ob sie nun Sinn ergaben oder nicht. Auch in Mainz galt in bestimmten Außenbereichen wie am Rheinufer eine Maskenpflicht. Zu deren Effektivität erklärte der Aerosolwissenschaftler Dr. Gerhard Scheuch, dass virenhaltige Aerosole im Freien gar keinen Bestand haben. »Die verwehen im Freien sofort«, sagte er.[32] Mehr muss man zu der Entscheidung des Hamburger OVG nicht wissen. Das Verhalten der Justiz muss aufgearbeitet werden.

22 »Söder brachte gestern [1. Dezember 2021, Anm. d. A.] eine Impfpflicht ab 12 Jahren ins Spiel. Das wäre ›sehr sinnvoll‹, sagte er im Bayerischen Rundfunk. Begründung: Es würde ›erstens schnell gehen [...] und zweitens die Schule absolut sicher machen‹. Damit wäre auch die Klavierstunde oder der Tennisplatz für die Jugendlichen ›ohne Probleme schnell machbar‹. Er könne sich auch vorstellen, dass direkt im Klassenzimmer geimpft werde.« [33]

Markus Söder, Ministerpräsident von Bayern (CSU)

Der Vorschlag Söders grenzt an Wahnsinn. Einmal abgesehen davon, dass Ende 2021 längst erwiesen war, dass Kinder durch das Coronavirus so gut wie gar nicht gefährdet sind und eine Impfung nicht vor Ansteckung schützt, scheint dem bayerischen Ministerpräsidenten völlig egal zu sein, was die Ständige Impfkommission (STIKO) zu diesem Thema geäußert hat. Wohlgemerkt: Die Empfehlungen der STIKO dienen allen Bundesländern als Grundlage und gelten als »medizinischer Standard«. Und dieses Expertengremium hatte wenige Monate zuvor, im August, verlautbart: »Die Stiko spricht sich ausdrücklich dagegen aus, dass bei Kindern und Jugendlichen eine Impfung zur Voraussetzung sozialer Teilhabe gemacht wird.« Und da kommt Söder und wagt es tatsächlich, Kindern in saloppem Ton ihre »Freiheit« anzubieten, wenn sie sich impfen lassen. Noch dazu mal eben schnell im Klassenzimmer. Und was ist mit der unabdingbaren Aufklärung durch einen Arzt? Offenbar ebenfalls egal. Wie oft wurde das Wort »verantwortungslos« im Zusammenhang mit Impfskeptikern gebraucht. Wenn etwas verantwortungslos ist, dann das.

23 »Ein weiteres Argument für die Impfpflicht ist, dass wir manchen vehementen Impfgegnern damit einen gesichtswahrenden Ausweg aus dieser Situation bieten. Als letztes Argument: Wie lange sollen geimpfte (und ungeimpfte) Steuerzahlerinnen und Steuerzahler

noch für Test bezahlen, die wegen der zu niedrigen Impfquote erforderlich sind.«[34]

Antje Tillmann, Mitglied des Deutschen Bundestages (CDU/CSU)

Auch hier wieder ein Spaltungsversuch von politischer Seite. Mit den Reizwörtern »Steuerzahlerin« und »Steuerzahler« wird hier der Eindruck erweckt, Bürger, die sich gegen die Impfung entschieden haben, würden dem Staat finanziell schaden. Solche Aussagen haben eine enorme manipulative Macht und können schnell Wut und Hass auf die attackierte Gruppe hervorrufen. (Und, nein, wir sprechen jetzt nicht von jenem tatsächlich massiven finanziellen Schaden, den die momentane Regierungspolitik verursacht, die auf Kosten der Steuerzahler Kriegsgerät für einen Stellvertreterkrieg liefert und unsinnige Sanktionen verhängt.): Zu behaupten, dass eine Impfpflicht Impfgegnern einen »gesichtswahrenden Ausweg« biete, erweckt den Eindruck, dass einige von ihnen sich eigentlich gerne umentscheiden möchten, aber es aufgrund ihrer zuvor bekanntgegebenen Entscheidung im Kreise ihrer Freunde oder Familie nicht trauen (Angst vor »Gesichtsverlust«). Interessant an der Aussage ist: Es gibt sogar noch mehr Akteure, die inhaltlich identisch Aussagen von sich gegeben haben (alle Aussagen sind in einem engen Zeitfenster aufgetaucht). Auf den Verdacht einer gesteuerten Kommunikation sollte hingewiesen werden.

24 »Nena unkritisch abfeiern? Ganz schlechte Idee. [...] Und in diesem Fall sollte ein öffentlich-rechtlicher Sender wirklich darüber nachdenken, ob eine Sängerin mit Verbindungen zum ›Querdenker‹- Milieu wirklich ein angemessener Gast für eine Samstagabendshow ist. Erfolgreichste Sängerin hin oder her: Schunkeln kann man auch ohne Nena.«[35]

Matthias Schwarzer, Journalist, *RedaktionsNetzwerk Deutschland*

Die angeführten Zeilen sind ein weiteres Beispiel dafür, wie Journalisten Stimmung gegen Personen machen, deren politische Einstellungen ihnen nicht passen. Die Sängerin Nena gehört zu jenen bekannten Künstlern, die sich in der Pandemie eindeutig gegen die Politik der Spaltung ausgesprochen haben. Matthias Schwarzer kritisiert Nena für Kontakte zum »Querdenker-Milieu« und fragt im Ton des »Canceling«, ob Nena noch ein »angemessener Gast für eine Samstagabendshow« sei. So sieht es aus, wenn Journalisten den Raum des Sagbaren verkleinern. Geht es nach Schwarzer, darf anscheinend nur der in der Öffentlichkeit präsent sein, der Kontakte zum »richtigen« Milieu hat. Ohne das »Querdenker-Milieu« überhaupt genauer zu definieren, wird hier der Versuch unternommen, Nena zu stigmatisieren.

25 »Fußball-Ikone Paul Breitner hat kein Verständnis dafür, dass Joshua Kimmich die Corona-Impfung verweigert. Am ›Sonntags-Stammtisch‹ im BR sagte er: ›Das geht nicht.‹ Ungeimpfte Spieler würde er sogar vom Training ausschließen. [...]
Er selbst sei bereits seit über sechs Monaten doppelt gegen das Coronavirus geimpft, berichtete Breitner in der Sendung.
Sobald es der Hausarzt empfiehlt, will der 70-Jährige sich auch ein drittes Mal impfen lassen. Breitner erzählte auch von seinem Engagement an der ›Münchner Tafel‹ am Johannisplatz.
Dort gilt ab 8. November die ›2G-Regelung‹. Das heißt, künftig darf man nur Lebensmittel abholen, wenn man geimpft oder genesen ist. Die ehrenamtlichen Helfer hätten sich gemeinsam für diese strenge Regelung entschieden, so Breitner. ›Wir setzen ein Zeichen und sagen impfen, impfen, impfen.‹ Für ungeimpfte Bedürftige habe er extra einen Impfbus der Malteser organisiert und das Angebot sei gut angenommen worden.« [36]

Paul Breitner, ehemaliger deutscher Fußballnationalspieler

Nun also ein Prominenter aus der Welt des Sports, der Ungeimpfte ausschließt. Die Ärmsten der Armen, denen keine andere Wahl bleibt, als sich bei einer »Tafel« mit Lebensmitteln zu versorgen, sind nun vor die Wahl gestellt, sich impfen zu lassen oder zu verhungern. Dies ist für uns eine der perversesten Aktionen in der Pandemie. Und dann verkauft Breitner den bereitgestellten Impfbus auch noch als eine »Wohltat«. An diesem Beispiel wird deutlich, dass die Unterstützung der Armen niemals von reichen Personen abhängig werden sollte. Denn sie können ihre Regeln gegenüber den Armen diktieren. Auch in Anbetracht all der schweren Nebenwirkungen der Impfungen war dieser Schritt unerträglich. Fast noch schlimmer als die Aussage von Breitner waren aber die Reaktionen vonseiten der Medien. Wo war die große Empörung?

26 »›Er [Joshua Kimmich] kann gerne mal anrufen und wir können über Impfnebenwirkungen sprechen‹, sagt Prof. Dr. Melanie Brinkmann, die als Expertin zum Beraterstab der Bundesregierung gehört. Es wurden Milliarden von Menschen bereits geimpft und man habe keine Spätfolgen der Impfung beobachtet, die viele Monate später noch auftreten würden. ›Das Sicherheitsprofil dieser Impfstoffe ist fantastisch‹, versichert Brinkmann und bietet an: ›Ich bin auch gerne dabei, wenn er sich impfen lässt, wenn er eine Hand braucht während er geimpft wird.‹ Die Virologin sieht in Nationalspieler Kimmich ein Vorbild und es wäre aus ihrer Sicht ein tolles Zeichen, wenn er sich nun impfen ließe.« [37]

Prof. Melanie Brinkmann, Professorin am Institut für Genetik der Technischen Universität Braunschweig

Melanie Brinkmann gehört zu jenen Experten, die in den Medien sehr häufig präsent waren und hinter den Corona-Maßnahmen standen. Ihre öffentliche Einmischung im Fall Joshua Kimmich, der sich zunächst nicht impfen lassen wollte, verniedlichte geradezu die Kernproblematik der »Impffrage«. Sie bot dem Fußballspieler an, ihm bei einer Impfung die Hand zu halten, ganz so, als würde es sich bei einem Menschen, der Bedenken in Sachen Impfung hat, um ein kleines, unmündiges Kind handeln. Die Aussage, dass das »Sicherheitsprofil der Impfstoffe fantastisch« sei, dürften Menschen, die schwere Schäden durch die Impfung davongetragen haben, etwas anders sehen. Immerhin: Brinkmanns Angebot an Kimmich war sicherlich im Hinblick auf die Erzeugung von öffentlicher Aufmerksamkeit strategisch klug.

27 »Dass wir mit der notwendigen Konsequenz vorgehen gegen den Kreis von Mitgliedern unserer Gesellschaft, von denen nun einmal nachweislich das Risiko für den Rest der Gemeinschaft ausgeht und das ist – ich sage es nicht gerne – die Gruppe der Ungeimpften, die nach wie vor viel zu groß ist.« [38]

Stephan Weil, Ministerpräsident von Niedersachsen (SPD)

Diese Äußerung stammt aus einer Rede, die der niedersächsische Ministerpräsident anlässlich der Sondersitzung des Bundesrates zur Änderung des Infektionsschutzgesetzes am 19. November 2021 gehalten hat. Eine Aussage wie »mit der notwendigen Konsequenz vorgehen« birgt ein enormes Eskalationspotenzial. Wird sie von politischer Seite getätigt, dann kann nicht ausgeschlossen werden, dass ein »guter« Bürger sich berufen fühlt, selbst gegen Ungeimpfte »vorzugehen. Die Aussage, dass von Ungeimpften »nachweislich das Risiko« für »die Gemeinschaft« ausgeht, ist in dieser Pauschalität nicht zu halten. Auch Geimpfte können das Virus übertragen (Was ist das dann für eine »Impfung«?). Wenn man gegen irgendwen »mit der notwendigen Konsequenz vorgehen« sollte (im demokratischen Sinne), dann gegen Politiker, die unserer gesamten Gesellschaft im höchsten Maße geschadet haben.

28 »Neue Zugangsbeschränkungen, diesmal aber nur für Ungeimpfte, bleiben damit möglich. Auch Gratis-Tests werden nicht ewig vom Steuerzahler zu finanzieren sein. Das ist keineswegs die von Impfgegnern beklagte ›Impfpflicht durch die Hintertür‹ und erst recht keine ›Apartheid‹, sondern der legitime Versuch des Staates, der Mehrheit ein halbwegs normales Leben zu ermöglichen und sich selbst vor einer Überforderung durch die Minderheit zu schützen.« [39]

Georg Anastasiadis, Chefredakteur *Münchner Merkur/ Chiemgau Zeitung*

Wieder ein hochrangiger Journalist, der nicht erkennt, mit welch einer brutalen Politik die Regierung gegen die Ungeimpften vorgegangen ist. Wenn Anastasiadis sagt, der Ausschluss der Ungeimpften sei keine »Apartheid«, dann ist das eine Verdrehung der Realität. Die Separierung von Menschen, insbesondere aufgrund von körperlichen Merkmalen (geimpft/nicht geimpft), die darauf abzielt, Menschen ihre Grundrechte wegzunehmen, *ist* Apartheid.

29 »LASS DICH IMPFEN! Triathletin Anne Haug und medi machen sich stark im Kampf gegen Corona« [40]

Anne Haug, Triathletin

Viele Prominente unterschiedlichen Bekanntheitsgrads haben sich an Impfkampagnen beteiligt und dazu beigetragen, den Druck auf Ungeimpfte zu erhöhen. Ihre Motivation mag gut gemeint gewesen sein, wobei sich trotzdem die Frage stellt, woher eigentlich ihre Kompetenz kommt, dass sie Aussagen dieser Art öffentlich tätigen. Vielleicht waren nicht wenige der Promis, die die Impfung promotet haben, naiv. Aber Naivität ist keine Entschuldigung, auch sie kann, das hat die Geschichte gezeigt, großen Schaden anrichten.

30 »Kein Impfgegner wird wie ein Staatsfeind behandelt. Er darf nur, hoffentlich bald, nicht mehr unter die Leute gehen, weil er ein gefährlicher Sozialschädling ist. Aber er hat die Freiheit, sich nicht impfen zu lassen. Aber er hat nicht die Freiheit, mich zu gefährden.« [41]

Rainer Stinner, FDP-Politiker in einem Kommentar auf *Facebook*

In diesen Aussagen erkennen wir etwas regelrecht abgrundtief Böses. Stinner versucht zunächst zu beschwichtigen, will feststellen, dass Ungeimpfte nicht wie »Staatsfeinde« behandelt würden, um dann aber eine unfassbare, eine ungeheuerliche Aussage hinterherzuschieben. Ein Ungeimpfter dürfe nicht mehr »unter die Leute gehen, weil er ein gefährlicher Sozialschädling« sei. Die Aussagen von Stinner fanden immerhin Beachtung in einer Kleinen Anfrage im Niedersächsischen Landtag. Die fraktionslose Abgeordnete Dana Guth merkte an: Der FDP-Politiker Rainer Stinner bezeichnet Ungeimpfte als »gefährliche Sozialschädlinge«. Und weiter: »Ungeimpfte werden in den sozialen Medien beschimpft und bedroht.«[42] Wir denken an die »Banalität des Bösen«, wie wir sie in der Einleitung besprochen haben.

31 »geht impfen« [43]

Impf-Aufruf der *Galeria Karstadt Kaufhof GmbH*
an den Eingangstüren von Warenhäusern

Der Druck kam von allen Seiten. Selbst Handel und Gastronomie beteiligten sich an den Kampagnen. Manche beschränkten sich auf Appelle per Plakaten, aber da war auch noch mehr drin: Auf dem Parkplatz einer *IKEA*-Filiale in Berlin gab es einen Impf-Drive-in, eine *McDonald's*-Filiale im Kreis Güterloh lockte mit dem Angebot »Impfen & Sparmenü im Doppelpack«. Über so viel Engagement und Ideenreichtum konnte sich die Politik nur freuen. Sie haben die Erzählung von der Impfung als Ausweg aus der Krise aufgenommen.

Auf das es nie wieder zu solchen Kampagnen bei einer derartig angelagerten Situation kommen möge. Seit der Zeit kaufen wir nicht mehr bei *Karstadt* und der *Galeria Kaufhof* ein.

32 »Sind Sie es nicht langsam satt, dieses ewige Corona-Gerede und -Geschreibe, liebe Leser? Wir in der Redaktion auch. Aber es hilft ja nix, wenn uns jetzt dank vieler hartnäckiger Impfverweigerer der nächste Corona-Winter blüht. […] Es ist leicht, die Schuld an allem Corona-Ärger bei der Politik zu suchen. Die hat aber ihren Teil getan – die Zeit überbrückt, bis sich jeder, wirklich jeder, impfen lassen konnte. […] Gehen Sie impfen, lassen Sie sich mit der dritten Dosis boostern. Die einzige Alternative ist, dass Sie sich früher oder später anstecken, und dazu vermutlich ein paar Andere. Die Intensivstationen sind voll. Wie risikobereit und egoistisch sind Sie?« [44]

Josef Ametsbichler, Redakteur, Mediengruppe
Münchner Merkur/tz

Am Anfang des Beitrags ist von »Wir in der Redaktion« die Rede. Es kann also davon ausgegangen werden, dass zumindest ein Großteil der Kollegen von Ametsbichler hinter diesem Artikel steht. Das verwundert nicht. Die Berichterstattung in der Pandemie hat gezeigt, wie uniform es in den Redaktionen zugegangen sein muss. Kritik an den Maßnahmen? Die gab es über lange Zeit so gut wie gar nicht. Gerade Journalisten, die in der Lage sein sollten, die Komplexität eines Themas darzustellen, haben sich stattdessen einer simplen Wirklichkeitskonstruktion bedient. Der Sündenbock ist ausgemacht, wird klar benannt: Die Ungeimpften oder sprachlich manipulativ: Die »Impfverweigerer« sollen »Schuld« sein, an der »Corona-Welle«. Und wieder – man kann darauf mittlerweile Wetten abschließen – stellt sich ein Journalist vor die Politik. Die Politik habe »ihren Teil« getan und »überbrückt«, bis für jedermann die Impfmöglichkeit bestanden habe. Was Ametsbichler hier mit dem Wort »überbrückt« ausdrückt, kann man auch als Politik der Grundrechtsschande bezeichnen.

Die Aussage, dass Ungeimpfte sich irgendwann anstecken und damit auch andere anstecken, erweckt den Eindruck, als ob Geimpfte nicht andere anstecken könnten, was nicht stimmt. Die Frage zum Schluss, wie »egoistisch« die Ungeimpften seien, schürt massiv Stimmung. Der Eindruck entsteht, die Sorge der Ungeimpften im Hinblick auf die Impfung sei völlig unbegründet. Gesellschaftlich sollen die Ungeimpften als »Egoisten« wahrgenommen werden. Wie inhaltlich verrückt dieser Vorwurf ist, wird schnell deutlich. Man werfe jemandem vor, wenn er Angst um seine eigene Gesundheit hat, ein Egoist zu sein. So ein Vorwurf ist absurd. Aber er ist an der Stelle auch verräterisch. Aus welchem Grund waren denn so viele Journalisten für die Maßnahmen? Weil viele wohl selbst große Angst hatten und aus ihrem eigenen »Egoismus« heraus wollten, dass alle sich an die Maßnahmen halten, sodass sie selbst geschützt sind. Das werden Journalisten natürlich nicht schreiben. Sie verkaufen ihren Einsatz für die Maßnahmen natürlich nicht als »Egoismus«, sondern als Dienst an der Gemeinschaft.

33 »Immun gegen Fakten. Organisierte Impfgegnerschaft als Demokratiegefährdung«[45]

Noemi Trompeter, *Amadeu Antonio Stiftung*

Das ganz große Kino bemüht die *Amadeu Antonio Stiftung* hier. (Wohlgemerkt, dies ist eine deutsche Stiftung bürgerlichen Rechts zur Stärkung einer demokratischen Zivilgesellschaft und gegen Rechtsextremismus.) Wenn sich Impfgegner organisieren – was nun mal in einer Demokratie ihr Recht ist –, dann führt diese Bündelung ihrer Interessen zu einer Demokratiegefährdung, meint die Vertreterin der Stiftung. Muss man so etwas noch weiter kommentieren? Nein.

34 [Es geht] »darum, weshalb eine Minderheit der Gesellschaft eine nebenwirkungsfreie Impfung nicht will, obwohl sie gratis ist und ihr Leben und das vieler anderer retten kann.« [46]

Prof. Karl Lauterbach, deutscher Bundesgesundheitsminister (SPD)

Hat er tatsächlich »nebenwirkungsfreie Impfung« gesagt? Er hat's gesagt!

35 »Die lettische Opernsängerin Elina Garanča äußerte sich mit einem klaren ›Ja‹ zum Opernball 2022 – aber nur für Geimpfte. Wie die ›Krone‹ berichtete, erläuterte Garanča ihren Standpunkt: ›Die Leute, die geimpft sind, die sollten auch belohnt werden. Auch die Künstler. Ich bin ebenso geimpft, und mir sind keine Hörner oder Flügel von der Impfung gewachsen.‹ Sie würde für ein Stattfinden des Opernballs plädieren, ›und wer nicht in der Gesellschaft leben will und gewisse Normen nicht annehmen will, gehört dann ausgeschlossen‹.« [47]

Elina Garanča, lettische Opernsängerin

Darüber, dass ihr keine »Hörner oder Flügel« gewachsen sind, kann sich die Opernsängerin freuen. Nur zählte zu den Bedenken der Impfkritiker nicht die Sorge, womöglich zum geflügelten Einhorn zu mutieren, sondern sie zielten auf den Nutzen und die Sicherheit nur bedingt zugelassener Impfstoffe, deren Studienlage man als überaus dürftig bezeichnen kann. Zu den Normen, von denen Garanča spricht, gehört sicherlich nicht, dass Menschen genötigt werden, sich einen fragwürdigen Impfstoff spritzen zu lassen, um wieder über ihre Grundrechte verfügen zu dürfen. Man kann es nicht oft genug sagen: Grundrechte sind unveräußerlich!

36 »›Das ist keine Diskriminierung der Nicht-Geimpften‹, sagte Bundesinnenminister Horst Seehofer (CSU) im Interview mit den Sendern RTL und n-tv. Er achte es, wenn jemand sich aus persönlichen Gründen gegen eine Impfung entscheide. ›Aber die nicht geimpfte Person muss auch einsehen, dass wir die Gesamtgesellschaft schützen müssen und deshalb nur die Geimpften zu größeren Gemeinschaftsveranstaltungen zulassen können.‹«[48]

Horst Seehofer, ehemaliger deutscher Bundesinnenminister, Ehrenvorsitzender der CSU

Um die Aussage zu übersetzen: Die Diskriminierung der Nicht-Geimpften ist keine Diskriminierung. Es war wie bei George Orwell im Roman *1984*. Vor unseren Augen haben Politiker, Juristen und Journalisten die Ausgrenzung der Ungeimpften beschönigt oder als völlig legitim dargestellt. Nein! Menschen aus dem gesellschaftlichen Leben auszuschließen, sie abzuwerten und als »schädlich« für die Gesellschaft darzustellen: Das war in hohem Maße diskriminierend.

37 »Doc Caro fordert Impfpflicht: ›Mit Reden allein kommen wir nicht mehr weiter.‹ Angesichts der rasanten Ausbreitung der Omnikron-Variante [sic!] sei Doc Holzner extrem besorgt. Jeder Geimpfte würde dazu beitragen, dass nicht noch weitere Mutationen entstehen, so Carola Holzner [...] Von einer generellen Impfpflicht könnten aus ihrer Sicht auch vehemente Impfgegner profitieren. Diese könnten sich dann impfen lassen, ohne ihr Gesicht gegenüber denjenigen zu verlieren. ›Zwang ist nicht immer etwas Schlechtes. Er kann auch eine Chance sein.‹«[49]

Carola Holzner, deutsche Medizinerin, als Influenzerin bekannt unter dem Namen »Doc Caro«

Carola Holzner ist in der Öffentlichkeit als »Doc Caro« bekannt. In der Pandemie war sie auffällig präsent in den Medien, nahm immer wieder zu COVID-19 Stellung. Neben Eckhart von Hirschhausen und der CDU Politikerin Antje Tillmann ist sie nun die dritte hier im Buch, die sich der Argumentation bedient, einige Impfgegner würden sich gerne impfen lassen, hätten aber Angst, für ihre Meinungsänderung in ihrem Freundeskreis das Gesicht zu verlieren. Auch deshalb sei eine Impfpflicht angebracht, um diesen Leuten die Möglichkeit zu geben, ohne Gesichtsverlust an die Impfung zu kommen. Über den küchenpsychologischen und manipulativen Charakter dieser Aussage haben wir weiter vorne schon etwas gesagt. An dieser Stelle nur noch mal die Anmerkung: Es ist wirklich bemerkenswert, dass mehrere prominente Persönlichkeiten in der Öffentlichkeit plötzlich dieser Argumentation aufboten – zumal diese Argumentation nicht naheliegend ist. Darauf muss man erst mal kommen. Um es noch mal zu sagen: Eine gesteuerte Kommunikation wäre denkbar. Ihre Aussage zur Impfpflicht zeigt: Wir sind auch ohne Impfpflicht »weitergekommen«.

38 »Wer sich nicht impfen lässt, gefährdet nicht nur sich selbst, sondern auch andere. Dafür gibt es keine Rechtfertigung. Wir verfügen heute über Impfstoffe, die so sicher sind, wie Impfstoffe eben sein können. Ihr Nutzen überwiegt ihren Risiken deutlich. Wer die Impfung verweigert, handelt deshalb unsolidarisch.« [50]

Axel Richter, Journalist, *Remscheider General Anzeiger*

Die Befürwortung der Impfpflicht hat sich durch viele Medien gezogen. Journalisten, die eigentlich für den freiheitlichen Geist des Grundgesetzes einstehen sollen, haben aber das Selbstbestimmungsrecht eines jeden Bürgers über seinen Körper nahezu völlig außer acht gelassen. Und wieder stellt sich die Frage: Woher bezieht der Verfasser sein Wissen über mRNA-Impfstoffe? Und: Bemerkenswert ist die Aussage des Journalisten, wir verfügten über »Impfstoffe, die so sicher sind, wie Impfstoffe eben sein können«. Nein, Herr Richter, Impfstoffe, die so schnell produziert wurden, zu denen es noch keine Langzeitstudien gibt und die zudem zu beachtlichen Nebenwirkungen führen, denen darf man sehr wohl ein gesundes Misstrauen entgegenbringen. Gerade ist in den Medien zu lesen: »Ein Jahr nach Impf-Empfehlung: Impfstoff-RNA in Muttermilch – was Mütter jetzt wissen müssen«[51]. Wer weiß schon, was im Hinblick auf die neuartigen Impfstoffe in den nächsten Jahren noch alles rauskommen wird. Auch Axel Richter verzichtet nicht darauf, das Totschlagargument des unsolidarischen Verhaltens anzuführen. Es ist ein journalistisches Trauerspiel.

39 »Wir, die Unterzeichnenden dieser Erklärung, wenden uns gegen eine Verharmlosung der sogenannten ›Spaziergänge‹, die keine zufälligen Treffen oder abendliche Erholungsrunden darstellen, sondern nicht angemeldete Demonstrationen und Aufmärsche.« [52]

Thorsten Stolz, Landrat des Main-Kinzig-Kreises

So wie Landrat Thorsten Stolz haben sich viele Lokalpolitiker gegen den stillen Protest der Bürger in Sachen Corona-Maßnahmen positioniert. Ob man es nun Spaziergang oder Demonstration nennt, ist letztlich egal. Herr Stolz und seine Beigeordneten hätten ihr Augenmerk besser darauf richten sollen, warum auch in ihrem Landkreis Menschen auf die Straße gehen, statt sich mit Begrifflichkeiten aufzuhalten. Zur Erinnerung: Die Maßnahmen haben schwere Grundrechtseinschränkungen mit sich gezogen. Vor allem auch der Umgang mit den Kindern in der Schule war weitreichend. Wenn Bürger auch aufgrund der Tatsache, dass ihre Anliegen nahezu von allen Seiten abgebügelt wurden, auf die Straße gehen, um zu protestieren, dann sollte man als Demokrat hier nicht so tun, als sei das etwas Schlimmes oder Verachtenswertes. Von daher: Der Begriff »Verharmlosung« ist unangebracht.

40 »Und wenn ich dafür im Sommer in eure Hood kommen muss, um euch den Impfsaft höchstpersönlich in die Arme zu bolzen.«[53]

Felix Kummer, Sänger der Band Kraftklub

Und bist du nicht willig, so brauch' ich Gewalt? Demokratie? Rechtsstaat? Menschenrechte? Oder einfach künstlerische Freiheit? Ja. Die Freiheit eines Künstlers soll weit gehen. Da sind wir sofort dabei. Nur sollte ein Künstler mit der Freiheit umgehen können.

41 »Einer der Vorteile, wenn ich nach dem Jahresende nicht mehr aktiv bin, dass ich nicht mehr aus beruflichen Gründen beobachten muss, wie durchgeknallte Schwurbelmenschen und CovidiotInnen Social media-Threads von Fernsehsendungen kapern, um ihre menschenverachtende Ideologie unter die Leute zu bringen, obwohl sie sich in ihrem kleinen erbärmlichen Leben nur durch Wendler, Hildmann und Schlimmeres ›informieren‹ lassen.«[54]

Jörg Kachelmann, Schweizer Fernsehmoderator, Sachbuchautor, Journalist und Unternehmer mit Schwerpunkt Meteorologie

Jörg Kachelmann war selbst das Opfer eines böswilligen und verachtenswerten Rudeljournalismus. Das hat ihn jedoch nicht davon abgehalten, denselben Ton anzuschlagen und durch abwertende Begriffe und eine Wuttirade das ganz große Geschütz gegen »Maßnahmenkritiker in Stellung zu bringen. Was daran »menschenverachtend« sein soll, wenn Bürger »Grundrechte« sagen, erschließt sich uns nicht.

42 »Impfen ist ein Statement für Vernunft, Solidarität und Fortschritt.«[55]

Ola Källenius, Vorstandsvorsitzender der *Mercedes-Benz Group AG*

Aus allen Bereichen haben Führungseliten, Institutionen, Unternehmen usw. das Impfen befürwortet. Eine Impfung – also ein nicht zu unterschätzender körperlicher Eingriff – wurde aus der Sphäre des Medizinischen in die Sphäre des Alltags gezogen. Gleichsam wie über ein Fußballspiel der Nationalmannschaft konnte jeder, ob nun »Experte« oder nicht, seine Meinung sagen und so tun, als wäre seine Meinung mit dem Wissen von Experten gleichzusetzen. Das Statement des *Mercedes-Benz*-Vorsitzenden erweckt den Eindruck einer vordergründigen »vernünftigen« Position. Die Schlagworte »Vernunft, Solidarität und Fortschritt« lassen sich reibungslos in die Narrative des Medienmainstreams zur Impfung einreihen. Alles nach dem Motto: Wer sich impfen lässt, erweist der Gesellschaft einen Dienst. Klingt gut. Nur: Wer sich mit den Leidensgeschichten der Impfgeschädigten auseinandersetzt, kommt zu einem anderen Ergebnis. Eine Impfung hat mit längst zu leeren Signifikanten verkommenen Begriffen wie »Solidarität« und »Fortschritt« nichts zu tun. Es geht um individuelle Gesundheit. Und die hat und muss in einer freiheitlichen Gesellschaft Sache der Individuen sein.

43 »Freiheit in einer Demokratie bedeutet immer auch Verantwortung. Und Verantwortung bedeutet immer auch Rücksichtnahme auf unsere Mitmenschen. Trotzdem gibt es in unserem Land Menschen, die wissenschaftliche Erkenntnisse strikt ablehnen. Trotzdem gibt es Menschen, die provozierend gegen Corona-Regeln verstoßen. Trotzdem gibt es Menschen, die nicht davor zurückschrecken, Wissenschaftler_innen, Politiker_innen, Medienschaffende und ihre Mitmenschen zu beleidigen und teilweise sogar zu bedrohen. Umso beeindruckender ist es, wie viele Menschen in unserem Freiburg während dieser Pandemie vorbildlich agieren und Verantwortung übernehmen. Unser Freiburg steht als Universitätsstadt für Vertrauen in die Wissenschaft! Unser Freiburg steht für Vernunft und ein verantwortungsvolles Miteinander! Unser Freiburg hält zusammen – gerade auch in schwierigen Zeiten! Danke an alle, die Maske tragen, Kontakte reduzieren und sich impfen lassen.«[56]

Martin Horn, Oberbürgermeister von Freiburg im Breisgau (parteilos)

So geht Spaltung in »unserem Freiburg«. Geschickt suggeriert der OB, alle Freiburger seien einer Meinung, nämlich seiner. Gut, es gibt ein paar Ausnahmen, nämlich jene Provokateure, die nicht »vorbildlich agieren«. Der Freiburger OB zeichnet ein arg einfaches Wirklichkeitsbild, das sich dann auch in der nächsten Aussage fortsetzt. Freiburg stehe für ein Vertrauen in »die Wissenschaft«. Auch wenn es schon tausendmal gesagt wurde, anscheinend muss man es immer wieder sagen: *Die* Wissenschaft gibt es nicht! Stattdessen gibt es wissenschaftliche Diskurse. Besser gesagt, es sollte sie geben, doch in Corona-Zeiten wurden sie massiv unterdrückt. Es gibt viele unterschiedliche Ansichten in der Wissenschaft. Aber was es gibt, ist ein wissenschaftliches Feld, das eingebunden ist in Herrschafts- und Machtstrukturen, dass Einflüssen von Politik und Geld ausgesetzt ist. Es gibt wissenschaftliche Forschung, die ihre Limitierungen auch in den oft unbewusst leitenden sozialisatorischen und ideologischen Wirklichkeitsvorstellungen der jeweiligen Wissenschaftler findet. Abgekürzt: Die Realität ist komplexer, als sie in der Sinnwelt der angeführten Aussagen zum Vorschein kommt.

Was der OB offensichtlich auch nicht begriffen hat: Wir haben noch keinen Maßnahmenkritiker getroffen, der »wissenschaftliche Erkenntnisse strikt ablehnt«, wohl aber Menschen, die wissenschaftliche Erkenntnisse hinterfragen und anderen Informationsquellen als den von der Regierung vorgegebenen Vertrauen schenken. Es gibt Bürger, die sich gegebenenfalls *im konkreten Einzelfall* mit dem was als »Erkenntnis« angepriesen wird, nicht zufrieden geben. Das mag, wie im Fall der Corona-Impfung, den ein oder anderen nerven, aber unsere Gesellschaft braucht keine »Abnicker«, die zu allem Ja und Amen! sagen. Gerade von Politikern, denen Prinzipien der Entscheidungs- und Gedankenfreiheit heilig sein sollten, wäre Differenzierung zu erwarten. Das pauschale »Abwatschen« von Impf- und Maßnahmenkritikern hat zu großen Spannungen in unserer Gesellschaft geführt.

44 »Was mich wie viele andere Menschen sauer macht ist, wie jetzt in der vierten Welle das Land auszubügeln hat, was diese Impfverweigerer angerichtet haben. Seit der Rechtspopulismus mit der AfD in unsere Normalität eingedrungen ist, wird eine politische Tradition in Deutschland wieder deutlich: Das Zurückweichen vor dem Mob, besonders wenn er von rechts kommt. Wutbürgerinnen und Wutbürger, das Grölen der Straße, die Verschwörungsidiotie, von der ich manchmal denke, dass die Grölenden selbst sie nicht glauben können, ja selbst Gewalt und Drohungen – und was tut die Politik? Sie weicht zurück. Sie nimmt Rücksicht und wählt Maßnahmen und Worte mit Vorsicht.« [57]

Anetta Kahane, Journalistin, Autorin und Vorsitzende der *Amadeu Antonio Stiftung*

Wieder die *Amadeu Antonio Stiftung*. Ziel der Stiftung ist es, »eine demokratische Zivilgesellschaft zu stärken, die sich konsequent gegen Rechtsextremismus, Rassismus und Antisemitismus wendet«. Gut. Dort sollten also Spezialisten sitzen, die über feine Detektoren verfügen und anschlagen, wenn Menschen abgewertet, ausgegrenzt und diskriminiert werden. Wer sich gegen Rassismus einsetzt, sollte nicht pauschal Menschen unter abwertenden Begriffen zusammenpferchen und sehr vorsichtig sein, wenn mit dem Finger auf unliebsame Gruppen gezeigt wird. Aus den angeführten Zeilen lesen wir raus, dass Kritiker der Impfung pauschal als Sündenbock benannt und durch den manipulativen Begriff »Impfverweigerer«

negativ klassifiziert werden. Die Begriffe »Mob«, »Wutbürger« und »Verschwörungsideologen« leisten ihr Übriges. Der legitime Protest wird als ein »Grölen« wahrgenommen, und dann, besonders schlimm, wird kritisiert, dass Politik vor den Demonstranten zurückweicht, »Rücksicht« nimmt und mit »Maßnahmen« und »Worten« Vorsicht walten lässt. Was sollte, nach Ansicht dieser Stiftung, Politik denn dann machen? Das Gegenteil wäre: hart durchgreifen. Vielleicht: Knüppel auf den Kopf der Oma, die nicht möchte, dass ihr Enkelkind unsinnigerweise sieben Stunden mit einer Maske im Klassenzimmer sitzt? Der »Geist des Autoritären«, er weht bisweilen sogar dort, wo sich gegen Rassismus eingesetzt wird.

45 »Bei einer Verdi-Veranstaltung ist es am Mittwoch zu einer lautstarken Auseinandersetzung zwischen Bundesgesundheitsminister Karl Lauterbach und Kundgebungsteilnehmern einer Verdi-Veranstaltung gekommen. Etwa 300 Krankenschwestern, Pfleger und Therapeuten hatten am Rande der Gesundheitsministerkonferenz in Magdeburg für mehr Personal und bessere Patientenversorgung demonstriert. Auch ungeimpfte Pflegekräfte nahmen an der Demo teil.
Ihnen rief Lauterbach zu: ›Ihre Arbeit hat keinen Beitrag geleistet!‹
Daraufhin wurde er massiv ausgebuht und zeitweise von einem Pfeifkonzert übertönt. […]
Dann richtete Lauterbach das Wort an die ungeimpften Pfleger: ›Diejenigen, die hier gegen die Impfung protestieren, haben dazu keinen Beitrag geleistet. Sie haben kein Recht, hier zu sein!‹
Und weiter: ›Sie haben keinen Beitrag geleistet, und ich finde es einen Unverschämtheit, dass Sie noch die Stirn haben, eine Demonstration derjenigen zu missbrauchen, die gearbeitet haben!‹
Dann wiederholt Lauterbach: ›Ihre Arbeit hat keinen Beitrag geleistet, ich will es hier ganz klar sagen.‹« [58]

Karl Lauterbach, deutscher Bundesgesundheitsminister (SPD)

Ungeimpfte Pflegekräfte haben genauso hart gearbeitet wie ihre geimpften Kollegen – solange sie nicht von staatlicher Seite an der Ausübung ihres Berufs gehindert wurden. Lauterbachs Attacken entbehren nicht nur jeder Grundlage, sondern sind eine einzige Unverschämtheit. Dieser Auftritt ist ein weiterer Tiefpunkt in seinem Agieren während der Pandemie, das ohne jede Frage auf den Prüfstand muss.

46 »Die Gesellschaft muss das jetzt selbst regeln: ›Wenn Du nicht geimpft bist, dann möchte ich auch nicht, dass Du mit meinen Kindern spielst‹«.[59]

Prof. Emil Reisinger

Die Aussagen tätigte Reisinger in einem NDR-Interview im Oktober 2021. Er sagt zunächst, dass ein weiterer politischer Druck auf Ungeimpfte falsch sei, stattdessen müsse »die Gesellschaft« die Sache nun regeln. Das Rezept des Tropenmediziners: »gesellschaftlicher Druck«, aber kein »öffentlicher Druck«. »Impfzwang wäre, wenn ich den Menschen sage, sie müssen sich impfen lassen. Hier haben die Menschen ja die Möglichkeit, sich impfen zu lassen oder sich nicht impfen zu lassen. Dann können sie an bestimmten Bereichen des öffentlichen Lebens eben nicht teilnehmen. Ich würde das nicht als Druck bezeichnen«, so Reisinger.

Wieder einmal Aussagen, die unerträglich sind. Das Eingangszitat bezieht sich offensichtlich auf ungeimpfte Kinder, denen Erwachsene ins Gesicht sagen sollen, dass sie nicht mehr mit den geimpften Kindern spielen dürfen. Die »Corona-Kinderimpfung« gehört allein schon aufgrund der Tatsache, dass Kinder von dem Virus kaum schwer betroffen sind, zu dem Wahnsinn dieser Zeit. Doch davon abgesehen: Der Druck, das wird in den Aussagen Reisingers deutlich, den einige aus unserer Gesellschaft auf ihre Mitbürger während der Pandemie aufgebaut haben, machte nicht einmal vor

Kinder halt. So eine Aussage aus dem Mund eines erfahrenen Mediziners spiegelt ein weiteres Mal die Ausgrenzung der Ungeimpften. Und die Aussage Reisingers, wonach es kein »Druck« sei, dass Ungeimpfte »an bestimmten Bereichen des öffentlichen Lebens« nicht teilnehmen können, harmoniert geradezu mit dem Orwellschen Neusprech, das heißt: Druck ist kein Druck! Uff!

47 »Es gibt einfache Fakten, die nicht bestreitbar sind: Das Virus existiert, auch wenn man es nicht sieht. Das Virus kann töten. Das Virus lässt sich durch Impfstoffe eindämmen und das kann Leben retten. Die Impfstoffe wirken, auch wenn man als Laie nicht genau begreift, wie. Wer das bezweifelt, dem sollte man […] mit ›zivilisierter Verachtung‹ begegnen.«[60]

Jochen Rack, Autor, *Deutschlandfunk*

In seinem Beitrag »Wissenschaft und ihre Erkenntnisse brauchen Vertrauen« holt Jochen Rack weit aus, um gegen all jene, die der Corona-Impfung skeptisch gegenüberstehen, zu Felde zu ziehen. Im Grunde ist es müßig, immer wieder darauf hinzuweisen, trotzdem: Wir kennen keinen, der die Existenz des Virus bestreitet. Hier geht es um etwas anderes: Ein Mensch, der Zweifel an der Wirksamkeit der Impfung hat, soll verachtet werden. Laut Duden bedeutet »verachten«: »jemanden als schlecht oder unwürdig betrachten und deshalb ablehnen«. Ein Synonym für Verachtung ist der Begriff Demütigung. Rack setzt zwar noch das das Wort »zivilisiert« vor die »Verachtung« (was genau auch immer er damit meint), aber das macht es nicht besser. Dieses Zitat sagt im Übrigen auch viel über den Zustand der Öffentlich-Rechtlichen aus.

48 »›Spaziergänge‹ sind keine demokratische Meinungsäußerung.«[61]

Florian Hartmann, Oberbürgermeister der Großen Kreisstadt Dachau (SPD)

Ein weiterer Oberbürgermeister, der eine überaus eigenwillige Vorstellung davon hat, was eine »demokratischer Meinungsäußerung« ist. »Spaziergänge« als stiller Protest waren und sind selbstverständlich vom Grundgesetz gedeckt. Meinungsäußerungen, die sich gegen die Corona-Maßnahmen richten, fallen unter das Recht der Meinungsfreiheit. Das ist Demokratie. Wer nicht möchte, dass sich Bürger gegen die Beschneidung ihrer Grundrechte wehren, möge einen Blick nach China werfen.

49 »Ich sehe keine ethischen Gründe, Impfpflichten abzulehnen.« [62]

Prof. Christoph Rehmann-Sutter, Professor für Theorie und Ethik der Biowissenschaften an der Universität zu Lübeck

Die ethischen Gründe sind einfach dargelegt: Die Impfungen haben schwere Nebenwirkungen und können, wie es aussieht, bis zum Tod führen. Einen Menschen zu verpflichten, sich einen Stoff spritzen zu lassen, der dieses Risiko beinhaltet, ist unethisch. Wenn ein Rehmann-Sutter als Ethik-Professor hier keine ethischen Gründe sieht, sollte er das Fach wechseln.

50 »Impfgegner sollen die Konsequenzen ihres Verhaltens direkt spüren.« [63]

Nikolaus Knoepffler, deutscher Philosoph und Theologe, Inhaber des Lehrstuhls für Angewandte Ethik an der Friedrich-Schiller-Universität Jena, Präsident des Global Applied Ethics Institute

Wieder der Geist des Autoritären, der Geist der Repression und der Bestrafung. Auch Persönlichkeiten des Geisteslebens haben *mitgemacht*.

51 »Nordrhein-Westfalens Ministerpräsident Hendrik Wüst schockte mit einer Impfpflicht-Aussage bei ›Anne Will‹. [...] ›Es geht darum [...] den Geimpften zu zeigen: Wir lassen das nicht länger zu, dass Menschen ihre individuelle Freiheit über die Freiheit der gesamten Gesellschaft stellen. Jetzt kümmern wir uns um die Nichtgeimpften und führen eine Impfpflicht ein‹, sagte Wüst im TV und spaltet damit das Land. Unter einem Video-Ausschnitt seines ›Anne Will‹-Auftritts auf Twitter wettern zahlreiche Nutzer:innen gegen den NRW-Ministerpräsidenten. Einige fordern sogar seinen Rücktritt.« [64]

Hendrik Wüst, Ministerpräsident von Nordrhein-Westfalen (CDU)

Diese Aussagen von einem ranghohen Politiker offenbart einmal mehr, wie wenig die individuellen Freiheitsrechte während der Pandemie von politischer Seite respektiert wurden. Die individuelle Freiheit ist der Kern einer jeden Freiheit. Und aus ihr folgt die Freiheit der Gesellschaft. Nur dort, wo der einzelne Bürger seine Grund- und Menschrechte frei ausüben kann, ist eine Gesellschaft frei. Das sollte Basiswissen eines jeden Demokraten sein. Grundrechte so zu beschneiden, dass angeblich die Gesellschaft »frei« ist, geht am Kern der Wesenheit der demokratisch-bürgerlichen Freiheit vorbei.

52 »Der Konstanzer Politikwissenschaftler Prof. Dr. Sebastian Koos hat angesichts der Proteste in Berlin vom 1. August dazu aufgefordert, ›diese Leute zu isolieren‹ und ›eine klare Position‹ gegen ›diese absolute Minderheit‹ zu beziehen. Es handele sich um Angehörige einer ›heterogenen Misstrauensgemeinschaft‹. [...] Die Angehörigen dieser ›heterogenen Misstrauensgemeinschaft‹ seien häufig zuvor politisch inaktiv gewesen und hätten sich erst im Zuge der Pandemie ›neu politisiert‹ und ›im Laufe der Zeit etwas abgekapselt‹, so Koos. Es gehe ihnen nicht um Debatte, sondern um weitreichende Kritik, die ›an den Grundfesten unserer

Verfassungsdemokratie‹ rüttele. Die Menschen glaubten sich gegen einen ›als ungerecht empfundenen Staat‹ zur Wehr zu setzen.« [65]

Prof. Sebastian Koos, Politikwissenschaftler, Universität Konstanz

Wie so oft in der Politikwissenschaft zu beobachten: Es scheitert schon an der sauberen Erfassung und Beschreibung der Realität. Wenn jemand sagt, dass es den Kritikern der Maßnahmen nicht um Debatte gehe, dann hat er nichts verstanden. Der Protest hat sich auf der Straße artikuliert, gerade weil es keine echte Debatte gab. Die Grundrechtseinschränkungen wurden von oben oktroyiert, Medien und Gerichte haben sie mitgetragen, eine echte Auseinandersetzung zwischen verschiedenen Positionen war lange nicht vorhanden. Und zu behaupten, dass die Maßnahmenkritiker an den »Grundfesten der Demokratie« rütteln würden, ist geradezu aberwitzig. Wer »Grundrechte!« sagt, der rüttelt nicht an den demokratischen Säulen. Im Gegenteil: Er zeigt, dass er mit den Beinen fest auf dem Boden Verfassung steht.

53 »Lasst euch impfen, ihr Deppen.« [66]

Linus Neumann, Berater für IT-Sicherheit und Sprecher des *Chaos Computer Clubs*

Nun also »Deppen«. Wahrscheinlich sind im Laufe der Pandemie so ziemlich alle Einträge aus dem Wörterbuch der deutschen Schimpfwörter mal gefallen. Nicht zu vergessen auch eine Wortneuschöpfung wie »Covidioten«.

54 »Wenn eine allgemeine Impfpflicht der entscheidende Pfeiler eines wirksamen und effektiven Gesamtschutzkonzepts ist, dann ist sie auch im verfassungsrechtlichen Sinne unverzichtbar. Der Staat bliebe sonst erheblich hinter seinem Schutzziel zurück und nähme zugleich pflichtwidrig in Kauf, in der Zukunft erneut erhebliche Freiheitsbeschränkungen vornehmen zu müssen. Über die Rechtsinstitute der Schutzpflichten und der Intertemporalität von Freiheitseingriffen lassen sich im Falle der allgemeinen Impfpflicht unter den genannten tatsächlichen Prämissen auch einklagbare Handlungspflichten des Staates zur Herstellung von Solidarität ableiten.« [67]

Prof. Lars Brocker, Präsident des Verfassungsgerichtshofs und des Oberverwaltungsgerichts Rheinland-Pfalz

Um es noch mal zu betonen: Wenn eine Impfung zu schweren Nebenwirkungen oder dem Tod führt, dann bedeutet eine Impfpflicht was? Sie bedeutet, dass ein Staat billigend den Tod von Bürgern in Kauf nimmt beziehungsweise Menschenleben gegen Menschenleben aufwiegt (Stichwort: Luftsicherheitsgesetz).

Nicht wenige Juristen haben angesichts eines völlig neuen Rechtsverständnisses in der Pandemie nur noch den Kopf geschüttelt. An dieser Stelle nur ein Zitat von Niko Härting, Rechtsanwalt und Professor an der Berliner Hochschule für Wirtschaft und Recht: »Vor Corona hätte sich dies kein Jurist vorstellen können. Im Jurastudium haben wir Grundrechte ganz anders gelernt. [...] Die Gesundheit ist kein ›Supergrundrecht‹, ebenso wenig wie ›Sicherheit‹ ein ›Supergrundrecht‹ ist. Wir alle haben das Recht, von den Regierenden zu verlangen, dass es ein funktionierendes Gesundheitssystem gibt und dass die Ämter und Behörden in der Pandemie nicht untätig bleiben. Aber niemand hat das Recht zu verlangen, dass sich die gesamte Gesellschaft, das gesellschaftliche Leben und alle Mitmenschen dem Ziel des Infektionsschutzes vollständig unterordnen.«[68]

55 »Der Deutsche Gewerkschaftsbund (DGB) Oberbayern hat einer schwerbehinderten Mitarbeiterin gekündigt – offenbar in Folge eines Streits um die Covid-Impfung und weil man sie für eine Corona-

Leugnerin hält. Als sich die Frau rechtlichen Beistand bei einer anderen Gewerkschaft suchte, ließ der DGB eine zweite Kündigung folgen – mit einer fragwürdigen Begründung.« [69]

Deutscher Gewerkschaftsbund (DGB)

Ohne auf den Fall im Detail einzugehen: Der Druck, der auf die Gesellschaft ausgeübt wurde, hatte weitreichende Folgen. Mit zu den schlimmsten Folgen zählte der Verlust des Arbeitsplatzes aufgrund des eigenen Willens, sich nicht diesen hochumstrittenen Impfstoff spritzen zu lassen. Überall im Land waren Menschen, die eben noch als vollwertige Arbeitskräfte und gute Kollegen geschätzt wurden, einem perversen psychischen Druck ausgesetzt. Kollegen, die eben noch freundlich waren, haben sich mitunter wie Wölfe aufgeführt. Desinfektionsmittel. Maske. Impfung. In alles wagten sich Kollegen einzumischen. Auch in Übergriffen am Arbeitsplatz zeigte sich ein Stück Faschismus.

56 »Ricarda Lang zufolge war es ›kein guter Tag – weder für das Parlament noch für das Land‹. Angesichts der anhaltenden Pandemie sei eine vorausschauende Politik gefordert, diese habe sich am gestrigen Tag nicht durchsetzen können.« [70]

Ricarda Lang, Bundesvorsitzende Bündnis 90/Die Grünen

So lautet der Kommentar der vehementen Impfpflicht-Befürworterin zum Ergebnis der Abstimmung im Bundestag am 7. April 2022. Es ist unfassbar zu sehen, wie viele Politiker allen Ernstes bereit waren, eine Impfpflicht durchs Parlament zu bringen.

57 »Man hätte die Impfpflicht gleich am Anfang beschließen sollen. Ich halte es für falsch, jetzt nicht zu handeln. Ich bleibe dabei: Wir brauchen die Impfpflicht, um im Herbst gut vorbereitet zu sein.« [71]

Daniel Günther, Ministerpräsident von Schleswig-Holstein

Was auch immer »gleich am Anfang« heißen soll, kann hier nicht geklärt werden. Gleich am Anfang der Pandemie in China (oder wo auch immer). Gleich am Anfang des Beginns der Pandemie in Deutschland? Gleich am Anfang, als der Impfstoff entwickelt wurde? Was heißt hier »gleich am Anfang«? Und das alles ohne Abwägen, kritisches Überprüfen der Impfstoffe usw., oder wie?

58 »Ich fühle mich unmittelbar betroffen. Ich bin fast 90, ich trage eine Maske, ich gehe einkaufen, alle tragen Masken. Künftig tragen sie das nicht mehr. Ich bin dem Risiko egoistischer Ungeimpfter ausgesetzt, die sich auf Kosten der Allgemeinheit eine sogenannte Freiheit erkaufen.« [72]

Gerhart Baum, ehemaliger Bundesinnenminister (FDP)

Selbst ein »alter Liberaler« wie Gerhart Baum hat bei der Spaltung mitgemacht. Immerhin scheint er, der eine Maske trägt und sicher (mehrfach) geimpft ist, zu wissen, dass Maske und Impfung nur bedingt schützen, denn sonst müsste er ja keine Angst vor den Egoisten haben.

59 »Sorry, aber ich bin genervt & wütend darüber, dass es nach über 2 Jahren Pandemie & Monaten der Diskussion immer noch keine allgemeine Impfpflicht geben wird.« [73]

Timon Dzienus, Bundessprecher der Grünen Jugend

So einfach kann man es sich machen. Erstens: Eine echte Diskussion gab es nicht. Zweitens: Sorry, irgendwie waren alle in der Pandemie »genervt«. Auch die Bürger, die auf der Straße waren. Nur ging von denen nicht das »Generve« aus. Man hat ihre Grundrechte beschnitten, weil sie sich keinen neuartigen Impfstoff spritzen lassen wollten. Deshalb waren sie auf der Straße.

60 »Scholz und Lauterbach haben die Impfpflicht endgültig vergeigt: Verlierer sind wir alle [...] Es ist eine bittere Pleite für Kanzler Olaf Scholz und seinen Gesundheitsminister Karl Lauterbach, aber auch für die Demokratie insgesamt. [...] Ampel versus Union – am Ende verlieren beide und die Demokratie. [...] Abgesehen davon, dass [...] Deutschland wohl keine solide Handhabe haben wird, die Nicht-Geimpften zum Pieks zu bewegen. Wirklich gewonnen hat deshalb am Ende nur eine Partei, nämlich die AfD. Die Partei ist durchsetzt von Corona-Leugnern und Impfgegnern.« [74]

Sara Sievert, Reporterin, *FOCUS online*

In so wenigen Zeilen so viel Wirklichkeitsverdrehung. Die Impfung mit all ihren schweren Nebenwirkungen wird in diesem Kommentar zum gescheiterten Impfpflicht-Antrag im Bundestag zum »Pieks« verharmlost, die Demokratie wird zum »Verlierer« erklärt und dann auch noch der Bezug zur AfD hergestellt, die »durchsetzt« sei von »Corona-Leugnern« und Impfgegnern. Es wäre interessant zu erfahren, wie viele AfD-Mitglieder das Corona-Virus »leugnen«. Wenn die Partei von diesen »Corona-Leugnern« durchsetzt sein soll, müssen es ja sehr viele sein. Hilfreich wäre es gewesen, wenn Sara Sievert diese Behauptung mit konkreten Zahlen belegt hätte. Wobei: Den Begriff »Corona-Leugner« haben viele Journalisten gebraucht. Ob nun jemand tatsächlich Corona geleugnet oder ob er einfach gesagt hat: »Grundrechte!«, das hat in der Berichterstattung meist keinen Unterschied gemacht. Die Realitätsverfälschung, sie war schon in den Worten der Journalisten angelegt.

61 »Wir können unser Gesundheitssystem nur durch Immunisierung vor einer Überlastung schützen. [...] Wir müssen die Impflücke schließen.« [75]

Andrew Ullmann, Mitglied des Deutschen Bundestages (FDP)

So äußerte sich Ullmann nach dem Scheitern der Impfpflicht im Bundestag am 7. April 2022. Wie zu sehen ist: Unser Gesundheitssystem steht noch. Es mag aus anderen Gründen irgendwann kollabieren. Aber nicht wegen einer fehlenden Impfpflicht.

62 »›Das ist kein guter Tag für die Pandemiebekämpfung.‹ Impfen bleibe ein ›zentraler Baustein im Kampf gegen die Pandemie‹. Wer geimpft sei, schütze nicht nur sich und seine Mitbürgerinnen und Mitbürger, durch Impfungen ließen sich auch ›einschneidende Beschränkungen von wirtschaftlichem und gesellschaftlichem Leben‹ vermeiden.« [76]

Rainer Dulger, Präsident der Bundesvereinigung der Deutschen Arbeitgeberverbände (BDA)

Eigenschutz? Fremdschutz? Wovor schützt die Impfung noch mal? Egal. Hauptsache »Impfen«.

63 »Es gibt nicht nur eine Freiheit von der Maske. Sondern auch eine Freiheit zur Maske. Dummerweise hindert aber auch niemand einen Ungeimpften daran, keine Maske zu tragen. […] Ich habe mich im Restaurant bei 3G halbwegs sicher gefühlt und bei 2G noch sicherer. Jetzt gibt es gar kein G mehr, und ich überlege, ob ich noch Essen gehen sollte. Was, wenn sich mit mir fünf Ungeimpfte, Ungenesene, Ungetestete über ihre Fischsuppe beugen?« [77]

Ulrich Reitz, Korrespondent, *FOCUS online*

Wieder sehen wir, wie ein Journalist seine eigenen Ängste in den Vordergrund seiner journalistischen Einlassungen rückt. In der Pandemie wurde deutlich, was seit Langem zu beobachten ist: Journalisten verstehen es sehr gut, *ihre* Angelegenheiten zu öffentlichen Angelegenheiten zu machen. Journalisten sind in der Lage, die Objektivitätsnorm, die für den Journalismus von zentraler Bedeutung ist, im Sinne ihrer eigenen Weltbilder zu manipulieren.[78] Wichtig und richtig ist im Journalismus unserer Zeit das, was sie selbst – aus welchen Gründen auch immer – für wichtig und richtig halten. Da mag mal mit dem übereinstimmen, was »objektiv« betrachtet »wichtig« und »richtig« ist, aber oft ist es das nicht.

64 »Wäre die Spaltung der Gesellschaft wirklich etwas so Schlimmes? Sie würde ja nicht in der Mitte auseinanderbrechen, sondern ziemlich weit rechts unten. Und so ein Blinddarm ist ja nicht im strengeren Sinne essentiell für das Überleben des Gesamtkomplexes.« [79]

Sarah Bosetti, ZDF-Komikerin

Im Dezember 2021 war die Gesellschaft aufgrund der Corona-Maßnahmen tief gespalten. Sarah Bosetti setzte der Spaltung in ihrer ZDF-Sendung »Bosetti will reden« noch etwas drauf.[80] Die Frage, die Bosetti stellt, ist voller böser Ironie. Im Grunde lässt sich die Frage auch als Aussage verstehen. Was ist schon dabei, wenn sich die Gesellschaft spaltet?, so der Tenor. Denn ein Teil der Bürger, der der Abspaltung unterliegt, ist aus Sicht Bosettis wie ein Blinddarm. Millionen von Bürger, Impfgegner, die wie ein Blinddarm sein sollen? Was ist das für eine Sprache?

Einem KZ-Lagerarzt wird folgende Aussage zugeschrieben: »Aus Achtung vor dem menschlichen Leben schneide ich einen vereiterten Blinddarm heraus, die Juden sind der vereiterte Blinddarm am Körper Europas.«[81]

Jetzt lässt sich lange darüber diskutieren, ob Bosetti sprachlich-historische Überschneidungen und Zusammenhänge klar waren. Das lohnt an dieser Stelle nicht. Aber als ZDF-Komikerin darf ihr unterstellt werden, dass sie Denkvermögen und einen gewissen Bildungsgrad hat. Ihr dürfte bekannt sein, was es heißt, wenn Menschen dehumanisiert werden, etwa indem man sie verächtlich als Tiere (zum Beispiel Ratten, Schweine) darstellt. Menschen als

Blinddarm sprachlich zu erfassen – und das auch noch vor Fernsehpublikum – ist ein Akt der Dehumanisierung. Musste das sein? Standen der Komikerin keine anderen (lustigen) Vergleiche zur Verfügung? Natürlich! Mit ihrem Verstand haben ihr vermutlich unzählige Möglichkeiten zur Verfügung gestanden, eine Breitseite gegen Maßnahmenkritiker zu fahren. Dass aber gerade diese Formulierung gewählt wurde, ist aus analytischer Sicht sehr aufschlussreich. Daran lässt sich ablesen, wie hoch der Grad der Verrohung im Umgang mit einem Teil der Mitbürger in der Pandemie war. Die Verachtung und der Hass, die Kritikern der Corona-Politik entgegenschlug, hatte längst jedes gesunde Maß an Gegenkritik überstiegen. Warum Bosetti gerade zu diesem drastischen Sprachbild gegriffen hat, wissen wir nicht. Aber es hat sich gezeigt: Sie konnte das Bild ohne laute Empörung vonseiten des medialen Mainstreams zeichnen.

Arnold Vaatz, DDR-Bürgerrechtler und CDU-Politiker, erkannte die Tragweite der Aussagen und intervenierte mit einem Brief an den Rundfunkrat. In dem Schreiben, das die *Berliner Zeitung* veröffentlichte, ist zu lesen: »Das ZDF äußert damit erstmalig konkrete Vernichtungsphantasien gegen Menschen aufgrund ihrer politischen Einstellung. Es greift damit in Bezug auf nicht COVID 19-geimpfte oder nicht politisch links zu verortende Personen offen eine Argumentationskette der Nazis auf, wie sie der im KZ Bergen-Belsen tätige und 1945 wegen seiner Verbrechen hingerichtete SS-Arzt Fritz Klein in Bezug auf Juden äußerte [...].«[82]

Und Vaatz führt in seinem Brief weiter aus: »Als doppelt geimpfter, danach erkrankter und genesener sowie persönlich die Impfung bei Erwachsenen immer noch befürwortender, aber Recht und Gesetz, insbesondere den Grundrechten verpflichteter, seit 30 Jahren einer demokratischen Partei mit christlichen, liberalen und konservativen Wurzeln zugehöriger Bürger stelle ich fest: Die Verweigerung einer Impfung kann sich auf den Rat zahlreicher Fachärzte berufen, die von den öffentlich-rechtlichen Sendern zwar ausgegrenzt und mundtot gemacht werden, aber gleichwohl über gültige

Approbationen verfügen und in Zeiten noch freier Arztwahl als vollwertige medizinische Mentoren in Anspruch genommen werden dürfen. Ich verweise auf die Webseite: https://individuelle-impfentscheidung.de

Ihre Sendung ist ein besonders eklatanter Verstoß gegen §5 (2) des ZDF-Staatsvertrages, in dem es heißt: Das ZDF hat in seinen Angeboten die Würde des Menschen zu achten und zu schützen. Es soll dazu beitragen, die Achtung vor Leben, Freiheit und körperlicher Unversehrtheit, vor Glauben und Meinung anderer zu stärken. Die sittlichen und religiösen Überzeugungen der Bevölkerung sind zu achten.«[83]

So klar in der Analyse Vaatz' Aussagen auch sind, wer sich mit den Gesetzlichkeiten von echten oder fantasierten Skandalen in unserer Mediengesellschaft auseinandersetzt, weiß, dass der größte Skandal ohne Bedeutung ist, wenn Medien ihn nicht entsprechend benennen. Die in diesem Buch und auf der Internetseite *ich-habe-mitgemacht.de* zusammengetragenen schlimmen Aussagen von Journalisten gegen Maßnahmenkritiker und Ungeimpfte lassen leicht erkennen, warum Medien die Aussagen Bosettis nicht ihrer Tragweite gemäß journalistisch aufgearbeitet haben. Einfach ausgedrückt: Jeder, der die »Unliebsamen« kritisierte – egal wie! –, konnte tun und lassen, was er wollte. Viele Journalisten, die sich sonst als moralische Ordnungsmacht verstehen, verstehen sich eben auch hervorragend in Doppelmoral. Doch das nur am Rande.

Bosetti hat sich nach der Kritik, die vor allem im Internet präsent war, in einem Video zu Wort gemeldet, dass rund acht Minuten lang und als »Blinddarm-Entschuldigung« überschrieben ist. Darin sagt Bosetti, dass ihre Aussage natürlich Satire war, aber sie wolle sich nicht hinter der Satire verstecken. In dem Video entschuldigt sich Bosetti, wie sie sagt, »ehrlich« und »aus tiefstem Herzen«. Allerdings: Wie die Komikerin zum Schluss ausführt, ist die Entschuldigung an die »Blinddarme« dieser Welt gerichtet. Bosetti sagt in dem Video unter anderem: »Der Punkt ist, dass ich nicht

Dinge gesagt habe und plötzlich nicht mehr so meine, sondern, dass ich die Dinge nicht gesagt habe. Ja, er hat Blinddarm gesagt [Anm. d. Autoren: der KZ-Arzt]. Und ja, ich habe Blinddarm gesagt. Da hört die Gemeinsamkeit aber auch schon auf. Es gibt Wörter, die in ihrer Bedeutung vorbelastet und schon für sich genommen problematisch sind. Das N-Wort, das Z-Wort. Blinddarm gehört nicht dazu. Um es zu einem Nazi-Wort zu machen, muss man es wie ein Nazi benutzen. Und das habe ich nicht getan. Menschen mit Körperteilen zu vergleichen ist in unserem Sprachgebrauch ja nicht direkt unüblich. Wir nennen einander Arschloch und niemand spricht von Entmenschlichung [...] Ja, es hat schon mal ein Nazi Blinddarm gesagt. Es hat auch bestimmt schon mal ein Nazi: Äh, du Arschloch gesagt. Deshalb ist es noch lange kein Nazi-Wort.«[84]

Uff! Bosetti, deren Auftritt in dem Video man getrost als rotzig bezeichnen darf, bettelt geradezu darum, die Frage zu stellen: Für wie blöd hält die Komikerin eigentlich die Adressaten? Der Tenor ihrer »Entschuldigung« lautet, dass sie einfach falsch verstanden wurde. Die nahezu achtminütigen Relativierungen der »Blinddarm-Aussagen« sind eher als unterschwellige Aggression zu verstehen.

Bosetti versucht die Kritik an ihren Aussagen abzuwehren, indem sie sich an dem Wort »Blinddarm« abarbeitet und die Auffassung vertritt, dass Wort sei »historisch« nicht vorbelastet. Dabei geht diese Argumentation völlig am Kern der Kritik vorbei. Ob ein KZ-Arzt »Blinddarm« sagt oder ob X oder Y »Blinddarm« sagt, ist irrelevant. Der Kern der Kritik richtet sich darauf, dass das Wort Blinddarm in Aussagen verpackt war, die – nun ja, wie soll man das möglichst höflich formulieren? – kontextuell nicht so völlig entfernt von den Aussagen des besagten KZ-Arztes verstanden werden dürfen.

Der KZ-Arzt setzt Juden mit dem »Blinddarm« Europas gleich, der vereitert ist und den er aus »Achtung vor dem menschlichen Leben« – man beachte die moralische Selbstinszenierung – herausgeschnitten werden müsse. Bosetti bezeichnet in einem ironisch-bösen Unterton die verachtete Gruppe als »Blinddarm« der Gesellschaft. Wenn die Gesellschaft dort unten, wo der Blinddarm liegt, »auseinanderbreche«, sei das nicht weiter schlimm. Der Begriff »auseinanderbrechen« verdient Beachtung. Eine Gesellschaft kann zwar »auseinanderbrechen«, aber das »Auseinanderbrechen« einer Gesellschaft, die als Körper bildlich erfasst wird, ist im Grunde nicht möglich, weil ein Körperteil ja nicht einfach »abbricht« und schon gar nicht ein Körperteil wie der Blinddarm, der im Körper liegt und Teil eines Organs ist. Bei einem »Auseinanderbrechen« oder genauer: »Platzen« des Blinddarms würde der Mensch oder hier: die Gesellschaft sterben. Wenn aber die Gesellschaft sich von diesem Blinddarm dort »unten rechts« »trennen« wollte, dann würde das nur dann möglich sein, wenn der Blinddarm »herausgeschnitten« würde.

Diese kleine Sprachanalyse zeigt: Das Wort »auseinanderbrechen« camoufliert den Begriff »herausschneiden«. Die sprachliche Referenzidentität zu den Aussagen des KZ-Arztes liegt auf der Hand.

65 »Besuche von stationären Patienten sind für vollständig geimpfte oder genesene Besucher nur nach der 2G-Plus-Regelung möglich. Es müssen der Geimpften- bzw. Genesenenstatus mit einem gültigen Zertifikat nachgewiesen und ein negatives Corona-Testergebnis (PCR-Test max. 48 Std./Schnelltest max. 24 Std. aus zertifiziertem Testzentrum) vorgelegt werden.« [85]

Evangelisches Klinikum Köln-Weyertal

Diese Regelung hat für mich etwas Unmenschliches. Mensch liegen stationär aufgenommen in einer Klinik. Wir wissen nicht, wie stabil sie psychisch sind, wie ihre Umstände sind. Mindestens der ein oder andere wird dabei sein, für den der Besuch einer lieben Person elementar ist – auch, womöglich, im Sinne einer Genesung. Ist die Vertrauensperson des Patienten, die er liebt, nun ungeimpft, darf sie nicht zu Besuch kommen. Die emotionalen Auswirkungen können natürlich genauso aufseiten der Besucher vorhanden sein. Vielleicht liegt der Vater oder die Mutter mit einer schweren Erkrankung im Krankenhaus, die Tage sind gezählt, aber Ungeimpfte sind von einem Besuch ausgeschlossen. Diese Regelungen gab es zuhauf. Es wäre interessant zu erfahren, zu welchen Dramen sie geführt haben. So etwas darf sich nie mehr wiederholen. Auch Regelungen dieser Art müssen dringend auf den Prüfstand und aufgearbeitet werden.

66 »Ein Gutachten des wissenschaftlichen Dienstes des Bundestags skizziert die möglichen Strafen für Impfverweigerer. Was Genesene erwartet, ist unklar. [...] Laut dem Gutachten sind Impfverweigerer nämlich Straftäter, die im Fall einer Impfpflicht mit Zwangsmaßnahmen belegt werden dürfen. Grundlage sei der § 74 Abs. 1 Infektionsschutzgesetz (IfSG), welches ›einen Straftatbestand beinhaltet‹.« [86]

Wissenschaftlicher Dienst des Bundestages

China lässt grüßen.

67 »Ungeimpfte Erwachsene [...] schränken mit ihrem Verhalten die Grundrechte der Kinder ein.« [87]

Dr. med. Thomas Fischbach, Präsident des Berufsverbandes der Kinder- und Jugendärzte (BVJK)

Hier werden Kinder gegen die Ungeimpften in Stellung gebracht. Nicht der Maßnahmenwahnsinn, von Politikern eingeführt und von Journalisten bejubelt, ist aus Fischbachs Sicht verantwortlich dafür, dass Kinder Grundrechtseinschränkungen ausgesetzt sind, sondern eine fehlende Impfpflicht. Dass er an die Grundrechte der Kinder erinnert, ist löblich, nicht aber auf diese perfide Weise.

68 »Als ob es nicht schon genug Hürden für die Impfpflicht gäbe, fehlt jetzt den Kassen angeblich Papier, um die Deutschen zum Impfen aufzufordern. Und Adressen und überhaupt. Was wirklich fehlt, ist der nötige Druck [...] Mein Vorschlag: lasst das Zeug auf Waschzettel in China drucken, die haben noch Papier! Und unsere Adressen sowieso, weil sie sich seit Jahrzehnten mit dem Druck deutscher Telefonbücher abgeben. Und für Zeitgenossen, die sich danach immer noch nicht impfen lassen wollen, hat man im Reich der Mitte auch wirksame Überzeugungsstrategien entwickelt, mit Methoden ohne den aufwändigen Postweg.« [88]

Heinz Gorr, Redakteur, *Bayerischer Rundfunk*

Der Beitrag von BR-Redakteur Heinz Gorr ist als »Glosse« gekennzeichnet. In einer »Glosse« hat ein Journalist nahezu »Narrenfreiheit«. Er kann (fast) alles schreiben, was er will. »Glossen« sind mit einem Augenzwinkern zu verstehen. Dennoch, was Gorr zum Schluss schreibt, ist kritisch zu betrachten. Wer die furchtbaren Videos aus China gesehen hat, wer gesehen hat, wie dort ein totalitäres Regime gegen Menschen vorgegangen ist, weiß, was der totale Überwachungsversuch eines Staates bedeutet. Für Gorr scheint es, wenn seine Mitbürger sich nicht der Impfung unterziehen lassen wollen, eine Lösung zu geben: Ab nach China. Dort wird das Reich der Mitte den Impfunwilligen schon brechen. Auch wenn sich der Autor hinter der Glosse verstecken kann, weil sich Glossen nun mal mit einem Augenzwinkern lesen lassen: Der Geist des Faschismus atmet in dieser Glosse.

Bei der Einordnung des Textes müssen auch die äußeren Umstände berücksichtigt werden. Menschen hatten real Angst vor der Impfung. Der Druck, wie nun mehrmals in diesem Buch erwähnt, war furchtbar. Das Letzte, was es brauchte, war ein BR-Redakteur, der auch noch mit einer Glosse weiteren Druck erzeugte. Der Tenor der Glosse passt zu einer der Kernfragen dieses Buches: Wie weit wären Politik und Bürger, unter gewissen Umständen, bereit gewesen zu gehen? Wie viele würden die schlimmsten und härtesten Maßnahmen gutheißen?

69 »Ihre individuelle Freiheit endet dort, wo meine beginnt, wo die kollektive Freiheit beginnt. Und Ihre persönliche Entscheidung, sich nicht impfen zu lassen, beeinflusst mein Leben, beeinflusst das Leben von Millionen von Menschen in der Bundesrepublik. Nicht die Impfpflicht ist die Zumutung, sondern keine Impfpflicht ist die Zumutung – die Zumutung für die solidarische Mehrheit. [...] Ich sage auch das jetzt noch mal ganz deutlich: Es muss hier um die Impfpflicht für alle Erwachsenen gehen, nicht ab irgendeiner willkürlichen Altersgrenze. Denn alle Menschen, egal welchen Alters, übertragen das Virus stärker, wenn sie ungeimpft sind. Es reicht nicht mehr, mit kosmetischen Eingriffen die schweren Verläufe zu drücken. Wir arbeiten hier an der Herdenimmunität, und deswegen nehme ich Sie jetzt in die Pflicht: Lassen Sie sich impfen – für die Kinder, die Jugendlichen, für unsere Freiheit! Ich kämpfe für die allgemeine Impfpflicht ab 18. Denn Impfen darf keine Individualentscheidung mehr sein. Es ist keine.« [89]

Emilia Fester, Mitglied des Deutschen Bundestages
(Bündnis 90/Die Grünen)

Die Aussagen von Emilia Fester, mit 24 Jahren das jüngste Mitglied des Deutschen Bundestages seit der Wahl 2021, sind von reichlich Überzeugung geprägt. Ihre »kämpferische« Rede ist nur ein Beispiel dafür, mit welch einer Kompromisslosigkeit und Undifferenziertheit ein so wichtiges Thema behandelt wird, bei dem es um nicht weniger als die körperlichen Selbstbestimmung und das Grundrecht auf körperliche Unversehrtheit geht. Natürlich darf man als Politiker überzeugt sein und für seine Überzeugungen kämpfen. Gefährlich wird es aber dann, wenn jemand das, was nicht seiner Überzeugung entspricht, nicht mehr sieht und nur noch sein politisches Ziel erreichen will. Die Corona-Impfungen können zu schweren Schäden führen. Eine Impfpflicht würde bedeuten: Der Staat nimmt gegebenenfalls Menschenleben in Kauf. Ob Fester das bedacht hat? In derselben Rede, gehalten am 17. März 2022 im Bundestag, sagte sie auch, dass sie seit zwei Jahren wegen der Pandemie und aus Rücksichtnahme nicht mehr im Urlaub gewesen sei. Nun, die *taz* schreibt hierzu: »Ihr erster Shitstorm folgt auf die Impfpflicht-Rede. Fester hatte in der Rede behauptet, dass auch sie auf Auslandsreisen verzichtet hat, dabei belegt ihr *Instagram*-Account, dass sie in Dänemark war.«[90]

70 »Es gibt ja einige [...] für die die allgemeine Impfpflicht [...] immer ein Riesenproblem war. Für die wird es jetzt ein bisschen einfacher. Da gibt es nämlich eine Anweisung, und dann muss man das machen.«[91]

Katrin Göring-Eckardt, Mitglied des Deutschen Bundestages (Bündnis 90/Die Grünen)

Katrin Göring-Eckhardt tritt so auf wie Emilia Fester. Reichlich Überzeugung in der »Impffrage« und der feste Willen, eine allgemeine Impfpflicht durchzusetzen. Was die Grüne nicht verstanden hat: »Müssen« müssen Menschen nur sehr wenig. Trinken, essen, atmen und auch noch das ein oder andere, aber einer »Anweisung« zum Impfen Folge zu leisten, gehört mit Sicherheit nicht dazu. Die Aussage zeigt aber noch mal sehr deutlich, welcher Wind durch unser demokratisches Parlament wehte. Das Autoritäre, es ist mitten in der Politik.

71 »Wir kommen jetzt in eine Phase hinein, wo der Ausnahmezustand die Normalität sein wird. Wir werden ab jetzt immer im Ausnahmezustand sein. Der Klimawandel wird zwangsläufig mehr Pandemien bringen. Außerdem würde er zu einem größeren Wassermangel führen, und dieser zu neuen Kriegen.«[92]

Prof. Karl Lauterbach, deutscher Bundesgesundheitsminister (SPD)

Jetzt wird auch noch der Klimawandel schuld an Pandemien sein, meint Lauterbach. Und natürlich wird ab jetzt »immer Ausnahmezustand« sein. Mit solchen apokalyptischen Aussagen tritt eine der zentralen Gestalten der deutschen Politik immer wieder an die Öffentlichkeit. Wenn Politiker so reden, dann ist die Demokratie in Gefahr.

72 »An einer allgemeinen Impfpflicht als Ultima Ratio führt kein Weg mehr vorbei. Sie ist die wirkungsvollste Vorsorgemaßnahme für weitere Wellen ab Herbst [...] Um ohne größere Schutzmaßnahmen durch womöglich weitere Corona-Wellen und aggressivere Varianten zu kommen, muss die Politik unverzüglich die unbequeme Debatte über eine allgemeine Impfpflicht zum Abschluss bringen. [...] Ohne Impfen ist unsere Freiheit auf Sand gebaut.« [93]

Siegfried Russwurm, Präsident des Bundesverbands Deutscher Industrie (BDI)

Ein weiterer Akteur aus dem Bereich der Führungseliten, der meint, ohne Impfpflicht gehe es nicht. Doch. es geht. Wie wir sehen. Rund um die Welt gibt es Länder, in denen es keine Impfpflicht gibt. Unsere Freiheit ist auch ohne Impfen nicht auf Sand gebaut. Unsere Freiheit ist auf unsere Verfassung gebaut.

73 »Geimpfte Schüler schneiden bei Wissenstest in Freiburg besser ab. Eine Online-Umfrage in Freiburgs Schülerschaft belegt: Die Mehrheit befürwortet die Masken- und Testpflicht in der Schule – sowie die Impfpflicht.« [94]

Stephanie Streif, Redakteurin, *Badische Zeitung*

Im März 20022 wollte die *Badische Zeitung* der Öffentlichkeit tatsächlich weismachen, dass geimpfte Schüler schlauer seien als ungeimpfte. Muss man dazu etwas sagen? Nein.

74 »›Ich respektiere, dass sich einer nicht impfen lassen will, aber dann kann er nicht für sein Individualverhalten die Gesellschaft in Sippenhaft nehmen‹, sagte Beucher in einem Interview mit dem Tagesspiegel: ›Dann muss er auch mit den Konsequenzen leben. Da gab es bei uns keine Diskussion. Und auch keinen Aufschrei dieser Sportler.‹« [95]

Friedhelm Julius Beucher, Präsident des Deutschen Behindertensportverbands (DBS)

Hintergrund der Aussage Beuchers war der Impfstatus zweier Sportler. Es ist schlimm zu sehen, wie kaum eine der Führungseliten die Verhältnisse angeprangert hat. Sie haben keinen Einspruch eingelegt, sie haben sich nicht vor die Ungeimpften gestellt, um ihre Ausgrenzung zu verhindern. Sie haben mitgemacht. Sie haben mit denen ihnen zur Verfügungen stehenden Mitteln, mit ihrer Argumentationsfähigkeit die Ausgrenzung der Ungeimpften gerechtfertigt. Selbst im Behindertensport.

75 »Und dann gibt es ja immer noch die sogenannten Spaziergänger, die gegen die Corona-Maßnahmen demonstrieren. Leute, die auch das Gefühl haben, in einer Diktatur zu leben. Ich finde es wirklich beeindruckend, dass diese Menschen sich einfach durch rein gar nichts aufhalten lassen – nicht einmal dadurch, dass morgen die meisten Corona-Auflagen enden. [...] Ich will hier nicht den Eindruck erwecken, ich hielte Querdenker für dumm. [...] Ich halte sie für alternativintelligent.« [96]

Christian Ehring, Kabarettist, Moderator von *extra3* (NDR)

Ein Kabarettist, der sich nicht auf die Seite der Regierungskritiker in Sachen Corona-Maßnahmen stellt, sondern vor die Politik. Auch das passt in diese Zeit, in der ein großer Teil der öffentlich agierenden Persönlichkeiten sich immer schön an der Orthodoxie ausrichtet.

Die Aussagen lassen darauf schließen, dass er im Grunde nicht verstanden hat, worum es den Maßnahmenkritikern geht. Dafür macht er sich aber über sie lustig. Ein Tiefpunkt des Kabaretts.

76 »Wenn Mitarbeiter im Gesundheitswesen sich schon nicht in der Verantwortung für ihre eigene Gesundheit impfen lassen, so sollten sie es aus Fürsorge und zum Schutz ihrer Patienten tun. Ist ihnen dies gleichgültig, muss der Gesetzgeber Patienten und Mitarbeiter schützen, auch wenn das einem Berufsausübungsverbot gleichkommt.«[97]

Petra Bühring, Journalistin, *Deutsches Ärzteblatt*

Der Beitrag, aus dem dieses Zitat stammt, trägt den Titel »Ungeimpfte Psychotherapeuten: Die Konsequenzen tragen«. Hier eine persönliche Anmerkung. Eine gute Freundin hat sich einer Therapie unterzogen. Sie hat einen Therapeuten gefunden, zu dem sie einen sehr guten Draht hatte. Der Therapeut war nicht bereit, die Risiken einer Impfung in Kauf zu nehmen. Er musste aufgrund der Regelung seine Praxis aufgeben. Was das bedeutet hat, konnte ich mit eigenen Augen sehen. Die Kollateralschäden des Maßnahmenwahnsinns und der Impfpflicht sind nicht zu beziffern. Allein der immaterielle Schaden ist immens.

77 »Danke! Ihr Geimpften.«[98]

Plakat der **Diakonie**

Die *Diakonie*. Ein Wohlfahrtsverband der evangelischen Kirche. Selbst von dort ging Spaltung aus.

78 »Bei uns an der Geschäftsstelle in Düsseldorf hängt ein Banner: ›Rote Karte für Querdenker‹ steht hier gut sichtbar für alle, die jeden Samstag und Montag gegen die Corona-Maßnahmen demonstrieren. [...] Wer sind Querdenker? Ich weiß es nicht wirklich. Auf den ersten Blick scheinen es Menschen ›wie Du und ich‹ zu sein – verschiedene Lebensumstände, verschiedene Bildungshorizonte, verschiedene soziale und gesellschaftliche Kontexte – sozusagen der ›Querschnitt‹ der Bevölkerung in Deutschland. [...] Wir möchten als Teil der Caritas weder spalten noch provozieren – sondern wir vertreten unsere Werte: Solidarität und Nächstenliebe. [...] Was wir aus diesem Grund aber nicht respektieren und auch nicht akzeptieren wollen und werden, sind Menschen, die öffentlich unseren demokratischen Staat verunglimpfen.«[99]

Henric Peeters, Direktor vom *Caritasverband Düsseldorf*

Wer hätte es gedacht. Zuerst die *Diakonie*, dann die *Caritas*. Die *Caritas* ist der Wohlfahrtsverband der katholischen Kirche. Kirchen – denen kam mal die Aufgabe zu, zu integrieren. Für Menschen Verständnis zu haben. Ihre Ängste ernst zu nehmen. Eigentlich auch: staatskritisch zu sein. Die Urchristen wurden von der Obrigkeit verfolgt. Sie wussten um Repressionen. Alles lange her. Wie heißt es in dem wunderbaren Song »Sei wachsam« von Reinhard Mey: »Wie sie das Volk zu Besonnenheit und Opfern ermahnen / Sie nennen es das Volk aber sie meinen Untertanen / All das Leimen, all das Schleimen ist nicht länger zu ertragen / Wenn du erst lernst zu übersetzen, was sie wirklich sagen / Der Minister nimmt flüsternd den Bischof beim Arm: ›Halt' du sie dumm, ich halt‘ sie arm!‹«[100]

Nun, die *Caritas* sollte vom eigentlichen Geist der Kirche getragen sein. Und was macht der *Caritasverband* in Düsseldorf? Führt sich auf wie ein Schiedsrichter beim Fußball und zeigt eine »rote Karte«. Man sollte die Stellungnahme des Düsseldorfer *Caritas*-Direktors ganz lesen. Zunächst klingt das alles vernünftig, Tenor:

Auch andere Ansichten werden respektiert, man hat Verständnis und so weiter. Aber dann: Respektiert werden soll nicht, wer öffentlich den Staat »verunglimpft«. Mein Gott! möchte man an dieser Stelle ausrufen. Das hört sich fast an wie in einem totalitären Regime. Wenn ein Staat die massivsten Grundrechtseinschränkungen seit Bestehen der Republik beschließt, dann ist es angebracht, laut Kritik zu artikulieren. Was wirklich nicht angebracht ist: dass ein *Caritasverband* meint, rote Karten an Personen zu verteilen, die er unter dem Begriff »Querdenker« zusammenfasst.

79 »›Freiheit‹, wie sie inflationär durch die Krise geistert, wird diametral zu Corona-Maßnahmen gesehen und dient entsprechend als Kampfbegriff, der Einschränkungen mit ›Diktatur‹ assoziiert. Dabei geht es, mal die Verhältnisse geraderückend, aktuell um eine Unfreiheit insofern, als dass beispielsweise Ungeimpfte nicht ins Kino oder Restaurant dürfen. Sie müssten sich halt impfen lassen, nehmen sich aber genau die Freiheit in dieser verfluchten ›Diktatur‹, ebendies nicht zu tun.« [101]

Katja Thorwarth, Kolumnistin der *Frankfurter Rundschau*

»Sie müssten sich halt impfen lassen.« Das ist offensichtlich das Niveau, das die Verantwortlichen im Haus der *Frankfurter Rundschau* akzeptieren.

80 »Allgemeine Impfpflicht bedeutet Teilhabe!« [102]

Auf der Internetseite der Bundesvereinigung **Lebenshilfe e. V.**

Es gibt, um es immer und immer wieder zu sagen: unveräußerliche Grundrechte. Auf diese »Unveräußerlichkeit« ist Freiheit und in der Konsequenz Teilhabe gebaut. Die allgemeine Impfpflicht ist nicht »Teilhabe«, sondern der Versuch, andere Menschen zu zwingen, sich einen hochumstrittenen Impfstoff spritzen zu lassen. Die Reaktion auf solch einen Vorstoß kann nur lauten: Nein, nein und nochmals: nein!

81 »Immer wieder demonstrieren an Montagen Impfgegner und rechte Gruppen auch vor Berliner Rathäusern. Die Vereinte Dienstleistungsgewerkschaft (ver.di) unterstützt in Berlin die bezirklichen Demonstrationen, die jetzt u. a. von demokratischen Parteien gegen die ›Montagsspaziergänge‹ organsiert werden. ›Wir wollen als Gewerkschaft Gesicht zeigen und gegen die unerträglichen Äußerungen von Impfgegnern und Rechten unsere Stimme erheben. Nur dann, wenn wir solidarisch zusammenstehen, werden die Pandemie und ihre Folgen zu meistern sein‹, sagt Frank Wolf, ver.di-Landesbezirksleiter.« [103]

ver.di, Landesbezirk Berlin-Brandenburg

Wo waren eigentlich die Gewerkschaften, als Arbeiter Angst hatten, ihre Arbeit aufgrund einer möglichen Impfpflicht zu verlieren? *Ver.di* in Berlin hat Demonstrationen unterstützt, die sich gegen die Montagsspaziergänge richten. *Ver.di* wollte »Gesicht zeigen«. So wie in den Medien verklammert auch der Landesbezirksleiter »Impfgegner« und »Rechte«. Immerhin gebraucht er den Begriff »solidarisch« (für einen Gewerkschaftsvertreter ein Muss) – verstanden als ein Zusammenstehen mit den Gegendemonstranten.

82 »Der Spaziergang hat seine Unschuld verloren. Jedenfalls gilt das für die letzten Monate.« [104]

Frank-Walter Steinmeier, deutscher Bundespräsident

Wegen Menschen, die sich zum stillen Protest trafen, um gemeinsam ein Zeichen gegen den Maßnahmenwahnsinn zu setzen, soll der Spaziergang seine Unschuld verloren haben? Die Aussage verrät sehr viel, wie selbst der ranghöchste Politiker des Staates auf die Maßnahmenkritiker geblickt hat. Auch von ihm ging Spaltung aus. Man könnte nun darüber reden, wie die Politik in der Corona-Pandemie ihre Unschuld verloren hat. Da Politik aber wohl noch nie unschuldig war, wäre das eher ein absurder Ansatz.

83 »Es wird ja niemand gegen seinen Willen geimpft. Selbst die Impfpflicht führt ja dazu, dass man sich zum Schluss freiwillig impfen lässt.«[105]

Prof. Karl Lauterbach, deutscher Bundesgesundheitsminister (SPD)

Willkommen in George Orwells *1984*. Pflicht ist Freiheit, etwas unter Zwang tun zu müssen heißt, es aus freiem Willen zu tun. Selbst so eine wirre Aussage wurde vonseiten der Medien kaum kritisiert. Wenn solch eine Aussage möglich ist, ohne dass sie entsprechend kommentiert wird, dann ist alles möglich.

84 »Ich sehe aber mit Sorge, dass radikale, vor allem rechtsextreme Kräfte, denen es nicht um Corona geht, sondern die unseren demokratischen Rechtsstaat angreifen, dass die die Proteste für ihre Zwecke instrumentalisieren und zunehmend andere vor ihren demokratiefeindlichen Karren spannen. [...]
Ich bin sicher, die Impfpflicht-Debatte wird nicht das letzte Thema sein, mit dem extreme Kräfte versuchen werden, den vergifteten Stachel in unsere Demokratie zu treiben.«[106]

Frank-Walter Steinmeier, deutscher Bundespräsident

Wieder der Bundespräsident. Wieder eine Aussage, die den Keil der Spaltung noch weiter in die Gesellschaft treibt. Frank-Walter Steinmeier spricht von einem »vergifteten Stachel«, den »extreme Kräfte«

in »unsere Demokratie zu treiben« versuchen. Die Aussage ist ein Bruch mit der Wirklichkeit. Wer auf die Straße geht und »Grundrechte« sagt, treibt keinen Stachel in die Demokratie. Einen Stachel in die Demokratie treiben Politiker, Journalisten und Führungseliten, die die Meinung anderer nicht gelten lassen. Seit geraumer Zeit warnen Politiker und Journalisten immer wieder vor »radikalen Kräften«, die der Demokratie schaden wollen. Hilfreich wäre es ja mal, zu erklären, wie der Begriff »radikal« zu verstehen ist und wer diese ominösen »Kräfte« sein sollen. Die Oma, die mit einer Kerze in der Hand an einem Spaziergang teilnimmt, soll »radikal« sein? Die Strategie hinter Aussagen wie diesen ist zu erkennen: Im Grunde genommen geht es darum, jeden Protest, sobald er eine gewisse »Flughöhe« erreicht hat und die vorherrschende Politik wahrlich kritisiert, als »radikal« zu klassifizieren und somit zu delegitimieren.

85 »Die Impfverweigerer nehmen eine ganze Gesellschaft in Geiselhaft, denn es ist ja unfassbar, wie viele Tote es gibt, wie unser Gesundheitssystem überfordert wird, wie Leute, die dringend Operationen brauchten, nicht drankommen. Und ganz wichtig: die ökonomischen Folgen für Millionen Menschen. Mir fehlt jedes Verständnis für Leute, die sich nicht impfen lassen wollen.« [107]

Günther Jauch, deutscher TV-Moderator

»Impfverweigerer«, »Geiselhaft«: Auch Jauch bedient sich hier jener Begriffe, die zur Verseuchung des Diskurses beigetragen haben. Jauch ist Millionen von Deutschen bekannt, nicht nur durch die Sendung »Wer wird Millionär?«, die seit 1999 auf RTL läuft. Er wurde schon zum beliebtesten Moderator und beliebtesten Deutschen gekürt. Und viele sind sogar der Meinung, dass er einen guten Bundeskanzler abgeben würde. Er gehört zweifelsfrei zu den Eliten des Landes. Auch sein Wort hat deshalb Gewicht

Jauch fehlt »jedes Verständnis für Leute, die sich nicht impfen lassen wollen«. Uns fehlt das Verständnis für Leute, die nicht verstehen können, dass Menschen sich keinen äußerst umstrittenen Impfstoff spritzen lassen.

86 »Nach 21 Jahren erfolgreicher Zusammenarbeit trennt sich der Philharmonische Chor Liedertafel Neustadt von seinem hochgeschätzten Dirigenten Hans Jochen Braunstein. Der Grund ist die Weigerung des Chorleiters sich impfen zu lassen.«[108]

Bericht in ***Die Rheinpfalz***

Es muss eine Aufarbeitung geben. Menschen wurden real geschädigt, haben sogar ihre Anstellung beziehungsweise Arbeit verloren.

87 »Die Hauptkommissarin aus der ZDF-Krimireihe ›Marie Brand‹ erklärte der ›Deutschen Presse-Agentur‹, was sie zu dieser Konsequenz gebracht hat. Während Dreharbeiten im vergangenen Jahr sei eine ungeimpfte, mit Corona infizierte Kollegin am Set gewesen. Wegen der Quarantäne hätte sie letztlich tagelang alles lahmgelegt, die Arbeiten mussten unterbrochen werden. ›Hinterher hat sie nur gesagt, sie habe ja niemanden angesteckt. Das Ausmaß hat sie gar nicht gesehen. Dafür habe ich kein Verständnis. Für mich ist klar, ich möchte nicht mehr mit jemanden arbeiten, der nicht geimpft ist‹, sagte die 66-Jährige der ›dpa‹.«[109]

Mariele Millowitsch, Schauspielerin

Mariele Millowitsch ist eine bekannte Schauspielerin. Auch ihr Wort hat Gewicht. Wenn so eine prominente Frau sagt, dass sie nicht mehr mit jemanden arbeiten möchte, der nicht geimpft ist, hat das Auswirkungen. So wie Mariele Millowitsch verhielten sich viele. Die Herleitung, die zu ihrer Aussage führt, ist von Interesse.

Ein Einzelfall wird hier genommen, um pauschal gegen Ungeimpfte zu wettern. Eine Frau, die mit Corona infiziert war, war am Set. Diese Frau war ungeimpft. Millowitsch ging also offenbar noch im Januar 2022 davon aus, dass nur Ungeimpfte sich infizieren und andere anstecken könnten. Zu sagen, dass man mit einem Menschen nicht mehr zusammenarbeiten möchte, weil er ungeimpft ist, war ein trauriger Höhepunkt in der langen Reihe der stimmungsschürenden Aussagen über Ungeimpfte.

88 »Der Tübinger Oberbürgermeister Boris Palmer (Grüne) fordert die Impfpflicht ab dem Alter von 60 Jahren. Ein Verweigerer-Bußgeld von 5.000 Euro bringe eine Impfquote von 98 Prozent.« [110]

Boris Palmer, Oberbürgermeister von Tübingen (Bündnis 90/Die Grünen)

Beim Lesen solcher Vorschläge sehen wir einen Missbrauch politischer Macht. Einen Bürger durch Androhung eines Bußgeldes dazu zu zwingen, sich einen äußerst umstrittenen Impfstoff spritzen zu lassen, der schwere Nebenwirkungen haben kann, war mit das Schäbigste, was wir in der Pandemie von einem Politiker gehört haben.

89 »Wer im Steilhang hängt, wirft doch kein Seil weg. Statt mit Verboten zu poltern, sollten wir alle Instrumente konsequent einsetzen, die uns zur Verfügung stehen, um flexibel zu sein gegen einen immer wieder Haken schlagenden Virus.« [111]

Smudo, Sänger der Band Fantastische Vier

Smudo hat die Luca-App gegen Kritiker verteidigt. Apps wie diese Corona-Warn-App können Vorläufer eines Instruments sein, das zur totalen Überwachung eingesetzt werden kann. Furchtbare schlimme Szenen aus China, die sich jeder im Internet anschauen kann, zeigen, wozu Apps dieser Art gegebenenfalls genutzt werden können. Inzwischen hat Karl Lauterbach bekannt gegeben, dass die Corona-Warn-App weiterentwickelt wird und eine Farbcodierung erhalten soll. Damit wird ein Stück näher an China herangerückt. Wenn dort die App die Farbe »Rot« anzeigt, werden die Menschen massiv in ihrer Bewegungsfreiheit eingeschränkt. In China ist, auch aufgrund dieser App, die totale Überwachung der Bürger längst Realität. Immer wieder richten Eliten aus dem kulturellen Bereich aufgrund von Naivität und Unwissen großen Schaden an. Sie beteiligen sich an Kampagnen, äußern sich politisch im Wohlgefallen der vorherrschenden Sicht und leisten damit einer Politik Vorschub, deren Tragweite sie offenbar gar nicht verstehen. Vielleicht einfach mal den Blog »Geld und mehr« von Norbert Häring lesen und seinen Ausführungen zur »ID2020« folgen.[112]

90 »Wir wollen Impf- und Personalausweis zusammenführen.« [113]

Patrick Hennig, CEO Luca-App

Sagt der Gründer von *Luca*. Darum geht es. Das Projekt einer »digitalen ID« mit einem enormen Überwachungspotenzial. Hier gilt zu sagen: Wehret den Anfängen. Projekte dieser Art werden immer butterweich angekündigt. Die Vorteile werden angepriesen. Aber die Gefahren für unsere freiheitliche Demokratie, die mit diesem Vorhaben verbunden sind, sind weitreichend.

91 »Impfgegner und Querschwurbler treten unsere #Freiheit und unsere #Demokratie mit Füßen. Für ihr Handeln bringe ich keinerlei Verständnis mehr auf.« [114]

Patrick Kunkel, Bürgermeister von Eltville (CDU)

Eltville ist ein liebliches Städtchen am Rhein mit etwa 17.000 Einwohnern. Der Bürgermeister zeigt mit seinem Tweet, wie die Spaltung der Gesellschaft auch von Lokalpolitikern forciert wurde. Politik muss zwingend Verständnis für *alle* Bürger haben. Sie muss ihre Anliegen ernst nehmen. Wenn Bürger sagen, dass sie sich aus nachvollziehbaren Gründen nicht einer Impfung unterziehen, dann ist das zu respektieren. Deshalb treten sie nicht die Freiheit mit Füßen, sie verstehen vielmehr den Geist des Grundgesetzes. Dann der Begriff »Querschwurbler«. Wie kann man nur als Bürgermeister mit einem derartigen Begriff im öffentlichen Raum hantieren?

92 »Aus Sicht von Heidelbergs Oberbürgermeister Eckart Würzner (parteilos) muss eine Corona-Impfpflicht kommen. [...] Die Proteste radikaler Impfgegner und anderer Extremer hätten ihn nicht überrascht. Aber diese Gruppe sei klein. ›Viel größer ist die Gruppe normaler Leute, die irgendwie skeptisch, verunsichert oder nicht so gut informiert sind.‹ Vielen von ihnen würde man es mit einer Impfpflicht auch leichter machen, sagte Würzner.« [115]

Eckart Würzner, Oberbürgermeister von Heidelberg (parteilos)

Die Aussagen von Würzner verweisen darauf, dass Befürworter einer Impfpflicht auf allen Ebenen der Politik zu finden waren. Ein Oberbürgermeister fordert die Impfpflicht und geht damit über das Selbstbestimmungsrecht jedes einzelnen Bürgers hinweg. Was sind eigentlich die Antriebe für Forderung nach einer Impfpflicht? Basieren sie auf der Medienrealität (was schlimm wäre, weil dann offensichtlich nicht genügend kritisch Distanz zu den »Wahrheiten« der sogenannten Qualitätspresse vorhanden ist)? Oder schwingt da als Antrieb auch das autoritäre Moment mit?

93 »Die Verweigerung der Impfung verursacht Kosten, die der Allgemeinheit aufgebürdet werden. Insofern ist es keine Privatangelegenheit, wenn sich in Deutschland immer weniger Menschen impfen lassen, obwohl es immer mehr Impfstoff gibt – und dadurch eine Herdenimmunität in die Ferne rückt. So wie die Einleitung des Abwassers keine Privatangelegenheit des Fabrikbesitzers ist, wenn der Fischer deshalb nicht mehr fischen kann.« [116]

Mark Schieritz, Redakteur, *ZEIT*

Es ist immer wieder interessant zu beobachten, wie Journalisten gerne die Begriffe »Kosten« plus »Allgemeinheit« ins Feld führen. Dagegen spricht natürlich erst mal nichts, aber: Bemerkenswerterweise führen sie diese in schöner Regelmäßigkeit dann an, wenn es um Kosten geht, die von einer ungeliebten Minderheit oder Gruppe verursacht werden. Zu Zeiten der »Agenda 2010« haben Journalisten massiv gegen ihre armen Mitbürger gehetzt und regelrechte Kampagnen gegen die »faulen« Arbeitslosen, die »Arbeitsscheuen« geführt. Warum? Wie immer wieder in diesem Buch angeführt (und in meinem Buch *Sabotierte Wirklichkeit* im Detail beschrieben): Der Prätentionshabitus vieler Journalisten, mit dem eingebauten Gefühl zu kurz zu kommen, lässt oft aus der Mittelschicht nach unten zu den Armen mit Verachtung blicken. Man steht zwar über ihnen, aber die ganze unbewusste oder halbbewusste Verärgerung über die eigene »Mittelmäßigkeit« in der Hierarchie der Klassen muss sich eben irgendwo konzentrieren. Irgendwohin muss der Hass. Und dieser wird nach unten abgeladen und nicht nach oben, schließlich will man sich mit »denen oben« zum Beispiel aus Karrieregründen eher gut stellen.

Für den Beruf des Journalisten ist diese Grundhaltung denkbar schlecht. *ZEIT*-Redakteur Mark Schieritz redet zwar nicht über die Armen, aber im Grunde genommen sind die Gruppen, gegen die die mehr oder weniger latenten Aggressionen gerichtet sind, wie beschrieben, austauschbar. Schieritz beschwert sich über die Kosten, die angeblich Ungeimpfte der Allgemeinheit aufbürdeten. Die Kosten, die Flüchtlingskrise, die wahnsinnige Unterstützung der Regierung eines Stellvertreterkrieges in der Ukraine oder generell: die Kosten, die eine Politik des reinen Irrsinns seit Jahrzehnten der Allgemeinheit aufbürdet, werden in dem Artikel nicht angeprangert. Nun ist es aber gesellschaftlich und politisch legitim, gegen die Ungeimpften verbal zu Felde zu ziehen, und schon stehen Journalisten Gewehr bei Fuß – das geht eben, ohne Gefahr zu laufen, es sich mit den Eliten zu verscherzen. Auch Schieritz geht so weit, die körperliche Souveränität der Ungeimpften mit der Aussage anzugreifen, der Impfstatus sei keine Privatsache. Was soll man dazu noch viel sagen? Vielleicht einfach nur: Doch, ist sie!

94 »Die Einschränkungen, die wir heute beschlossen haben, werden den Rückgang der Fallzahlen beschleunigen. Gleichzeitig machen wir Tempo bei den Boosterimpfungen. Für weitere Schritte gibt es keine roten Linien. Aber jetzt wurde das Richtige getan.« [117]

Prof. Karl Lauterbach, deutscher Bundesgesundheitsminister (SPD)

»Keine rote Linien«? Diese Aussage steht nicht im Einklang mit dem Grundgesetz. Dort gibt es nämlich rote Linien. Ganz viele.

95 »2G spaltet nicht die Gesellschaft. Menschen, die sich impfen lassen können und es nicht tun, spalten. Genauer gesagt ist es auch keine Spaltung, sondern Abspaltung einer Minderheit.
Das Spaltungs-Narrativ nutzen Impfgegner meistens um sich als Opfer zu stilisieren. Sind sie nicht.« [118]

Ingmar Stadelmann, Stand-up-Comedian, Fernseh- und Radiomoderator

2G, das heißt, »Geimpft« und »Genesen«, spaltet also nicht. Nehmen wir ein Beispiel: Drei Familienmitglieder gehen in ein Restaurant zum Abendessen. Einer ist geimpft, einer genesen, einer ungeimpft. Es gilt 2G. Das Restaurant kontrolliert. Der Ungeimpfte muss das Restaurant verlassen. Jetzt noch mal langsam erklärt: Der Ungeimpfte steht draußen. Der Geimpfte und der Genesene sitzen im Restaurant. Noch mal: einer draußen, zwei drinnen. Gespalten oder nicht gespalten? Korrekte Antwort: Gespalten! Deshalb: 2G spaltet.

96 »Es gebe in Deutschland eine ›Wirklichkeitsverleugnung, absurde Verschwörungstheorien, mutwillige Desinformation und gewaltbereiten Extremismus‹. ›Eine kleine, extremistische Minderheit hat sich von unserer Gesellschaft, unserer Demokratie, unserem Gemeinwesen und unserem Staat abgewandt, nicht nur von Wissenschaft, Rationalität und Vernunft.‹ Die Regierung werde es sich nicht gefallen lassen, verspricht Scholz, dass eine ›winzige Minderheit von enthemmten Extremisten‹ der Gesellschaft ihren Willen aufzwingt. ›Unsere Gesellschaft ist nicht gespalten‹, sagt Scholz. Es sei eine ›winzige Minderheit der Hasserfüllten‹, die mit Fackelmärschen und Gewalt angreife. ›Ihnen werden wir mit allen Mitteln des Rechtsstaates entgegentreten. Unsere Demokratie ist eine wehrhafte Demokratie.‹« [119]

Olaf Scholz, deutscher Bundeskanzler (SPD)

Diese Zeilen stammen aus der Regierungserklärung von Olaf Scholz im Dezember 2021. In seiner Rede im Parlament geht er mit den Kritikern der Corona-Maßnahmen hart ins Gericht. Er spricht von einer kleinen, »extremistischen Minderheit« und wirft ihr unter anderem »Wirklichkeitsverleugnung« vor. Dann sagt er: »Unsere Gesellschaft ist nicht gespalten.« Eine erstaunliche Aussage. Nun stellt sich die Frage: Wer leugnet hier die Wirklichkeit? Die Bürger, die vor den schweren Impfnebenwirkungen gewarnt haben?

Oder ein Bundeskanzler, der sagt, unsere Gesellschaft sei nicht gespalten? Am Rande: Im August 2022 berichtet der *Deutschlandfunk* von einer groß angelegten Studie aus Dänemark. Darin wird festgestellt, dass viele Geimpfte Ungeimpfte für schlimmer halten als Straftäter. Die Saat des Hasses, die in Deutschland, aber auch in vielen anderen Ländern gegen Ungeimpfte gesät wurde, ist aufgegangen. Unsere Gesellschaft ist seit Langem gespalten. Noch mal sei an dieser Stelle an die Hartz-»Reformen« erinnert, die SPD und Grüne zu verantworten haben. Seit dieser Zeit wurde die Gesellschaft, die auch damals schon gespalten war (unter anderem »Ossis«: »Wessis«), von der Politik noch weiter auseinandergetrieben. In der Pandemie haben viele Politiker noch einmal mehr gespalten. Das ist die Realität! Siehe auch das folgende Zitat.

97 »Baden-Württembergs Ministerpräsident Winfried Kretschmann (Grüne) hält Demonstranten, die Corona-Proteste zur Diffamierung staatlicher Institutionen nutzen, für ›Aasgeier der Pandemie‹. Das sei eine gute Charakterisierung für Rechtsextreme, die die Pandemie als willkommenen Anlass nutzten, um gegen den Staat zu hetzen, sagte Kretschmann am Dienstag in Stuttgart. Bei bürgerlichen Impfgegnern sei die Verweigerungshaltung dagegen oft eine Frage der Weltanschauung, so der Regierungschef. Er wisse aus eigener Erfahrung, dass Argumente da nichts nützten.« [120]

Winfried Kretschmann, Ministerpräsident von Baden-Württemberg (Bündnis 90/Die Grünen)

Aasgeier – auch wenn Kretschmann hier von »Rechtsextremen« spricht: Im Zusammenhang mit den Corona-Demonstrationen kontaminiert solch ein Begriff nur noch weiter die Debatte. Schnell sind eben in der Wahrnehmung jener, denen die Demonstrationen ein Dorn im Auge sind, alle »Aasgeier«. Die Aussage Kretschmanns, wonach man bei »bürgerlichen Impfgegnern«, deren

»Verweigerungshaltung« weltanschaulich bedingt sei, nicht mit Argumenten durchkomme, lässt keinen Raum mehr für Diskussionen. Die Aussage erweckt den Eindruck, diese Bürger seien dickköpfig, starrsinnig. Wer sich vor Augen hält, wie die großen Medien über lange Zeit kritische Stimmen zur Impfung komplett rausgehalten haben, wenn man sich anschaut, wie massiv die Abwehrhaltung vonseiten der Politiker war, ihre eigene Sicht zu überdenken, dann gibt es nur einen Schluss: Die Verweigerungshaltung liegt bei Kretschmann und Co!

98 »Bundeskanzler Olaf Scholz (SPD) hat dafür plädiert, im Kampf gegen die Corona-Pandemie flexibel beim Ergreifen von Gegenmaßnahmen zu sein. ›Es darf keine roten Linien geben, das hat uns diese Pandemie nun wirklich gezeigt. Wir müssen immer bereit sein umzudenken, wenn die Umstände es erfordern‹, sagte er der ›Bild am Sonntag‹.« [121]

Olaf Scholz, deutscher Bundeskanzler

Scholz sagt, was auch Lauterbach ein paar Tage später sagen wird: »Keine roten Linien.« Wie schon zur Aussage von Lauterbach (Zitat **94**) gesagt: So eine Aussage steht nicht im Einklang mit der Verfassung. Es gibt eine dicke, fette rote Linie. Und die muss das Grundgesetz sein.

99 »Auch Querdenker, Spaziergänger und andere Staatsfeinde haben Energiekrise und Inflation inzwischen als neues Betätigungsfeld für sich entdeckt. Man kann getrost davon ausgehen, dass bei der Stimmungsmache gegen die Demokratie erneut aus Russland gesteuerte Trolle aktiv werden. Unsere Gesellschaft ist aus vielen Richtungen angreifbar. Der durch den Krieg in Gang gesetzte Wohlstandsverlust ist besonders gefährlich, weil er sozialen Sprengstoff in einem Ausmaß birgt, den die Mehrheit der Gesellschaft bislang nicht erlebt hat. Zugleich stehen genug Demokratiefeinde bereit, auf den existenziellen Sorgen der Menschen ihr politisches Süppchen zu kochen. Dem wird man nicht allein mit dem hohen Lied auf Demokratie und Freiheit begegnen können. Es wird immer wieder den Beweis brauchen, dass die demokratischen Kräfte handlungsfähig sind.« [122]

Eva Quadbeck, stellvertretende Chefredakteurin und Leiterin der Hauptstadtredaktion des *RedaktionsNetzwerk Deutschland*

Eva Quadbeck gehört dem *RedaktionsNetzwerk Deutschland* an. »Das RND wurde 2013 gegründet. Es versorgt mehr als 60 Tageszeitungen mit einer täglichen Gesamtauflage von mehr als 2,3 Millionen Exemplaren und einer Reichweite von rund 6,8 Millionen Lesern am Tag«, heißt es auf *Wikipedia*. Mit anderen Worten: Hier ist eine enorme Reichweite vorhanden. Der Beitrag von Quadbeck ist vermutlich auch in anderen Zeitungen erschienen.

Aus journalistischer Sicht halten wir ihn für untragbar. Quadbeck schreibt »Spaziergängern« zu, »Staatsfeinde« zu sein. Zur Erinnerung: Spaziergänger sind jene Bürger, die in einem stillen Protest (oft mit Kerze in der Hand) gegen die rigide Corona-Politik auf die Straße gegangen sind. Es sind Menschen aus unserer Mitte. Opis, Omis, Kinder, alt, jung und so weiter. Quadbeck betitelt diese Menschen als »Staatsfeinde«. Wenn diese Menschen »Staatsfeinde« sein sollen: Was waren dann die Mitglieder der *Roten Armee Fraktion*? Es ist offensichtlich: Wenn ich mit Begrifflichkeiten hantiere, die gleich von Anfang an maximal schreiend sind, ist nach oben wenig Luft. Eine Kernaufgabe von Journalisten, nämlich: Realität richtig einzuordnen und sprachlich sauber zu benennen, wird in dem Beitrag nicht geleistet. Das ist, insbesondere wenn so ein Text von einer stellvertretenden Chefredakteurin kommt, eine Zumutung. »Sinn« ergibt diese Aussage nur dann, wenn Quadbeck tatsächlich meint, Bürger, die gegen die Regierungspolitik demonstrieren, seien

»Staatsfeinde«. Aber: Sollte ein Journalist tatsächlich so denken, dann muss er sich fragen lassen, welches Verständnis er oder sie von Demokratie hat. Dann spricht Quadbeck auch noch von »Demokratiefeinden«, die »bereit« stünden. Sie benennt diese zwar nicht explizit, aber es lassen sich Rückschlüsse auf die zuvor angeführten »Spaziergänger« ziehen. Auf diese Weise kontaminiert man den Diskurs. Das ist Spaltung. Auch an dieser Stelle lässt sich wieder ein Bezug zum dominierenden Habitus im journalistischen Feld herstellen. Aufgrund ihrer klassenspezifischen Sozialisation, ihrer Denk- und Wahrnehmungsmuster, nehmen viele Journalisten Kritik an der Politik, die »vom Volk« kommt, geradezu als etwas Unbotmäßiges wahr. Viele Journalisten legen lieber einen »Schutzmantel« um die Herrschenden und die Politik, als ihnen diesen Mantel runterzureißen.

100 »Sollten wir ab Herbst eine Kombination aus Gasmangel und neuen Corona-Maßnahmen bekommen, wäre das der perfekte Anschub für alle rechtsradikalen Endzeitdiskurse.« [123]

Hanning Voigts, Korrespondent, *Frankfurter Rundschau*

Die *Frankfurter Rundschau* war einmal eine hoch angesehene Zeitung. Mittlerweile ist die *FR* unserer Beobachtung nach eine Publikation, in deren politischer Berichterstattung immer wieder der Zombie- und Weltbildjournalismus dominiert. Diese Zeilen stammen zwar nur aus einem Tweet, aber sie zeigen exemplarisch, auf welche Weise ein Journalist der *FR* Realität wahrnimmt. Vollkommen legitime Proteste gegen Corona-Maßnahmen und die irrsinnige Politik der Bundesregierung im Zusammenhang mit den Gaslieferungen rahmt er hier als »rechtsradikale Endzeitdiskurse«. Oder anders gesagt: Beim Lesen drängt sich förmlich der Verdacht auf, die angesprochenen Proteste müssten irgendwie pauschal im Zusammenhang mit den Rechten stehen. Realitätsbezug?

1 »Laumann: ›Impfen, testen oder zum Einsiedler werden‹«. In: *RTL online*, 11. August 2021, https://www.rtl.de/cms/corona-tests-ab-oktober-kostenpflichtig-diese-vorteile-haben-geimpfte-im-herbst-4811385.html [Zugriff 23.08.2022]

2 Stand September 2022

3 Moritz Eichhorn (Luca-CEO), »Wir wollen Impf- und Personalausweis zusammenführen«. In: *Berliner Zeitung*, 8. Januar 2022, https://www.berliner-zeitung.de/wochenende/luca-ceo-wir-wollen-impf-und-personalausweis-zusammenfuehren-li.204737 [Zugriff: 30.09.2022]
Und: Norbert Häring, »Impfausweis und Personalausweis sollen zusammengeführt und zur Dauereinrichtung werden«. In: *Geld und Mehr - Ein Blog von Norbert Häring*, 9. Januar 2022, https://norberthaering.de/macht-kontrolle/luca-app-patrick-hennig/ [30.09.2022]

4 Nikolaus Blome, »Impfpflicht! Was denn sonst?« (Kolumne). In: *Der Spiegel*, 7. Dezember 2020, https://www.spiegel.de/politik/deutschland/impfpflicht-was-denn-sonst-a-2846adb0-a468-48a9-8397-ba50fbe08a68 [Zugriff 30.08.2022]

5 Bibliografische Angaben zitiert nach: https://www.spiegel.de/impressum/autor-0e3f0 66b-0001-0003-0000-000000018833 [Zugriff 30.08.2022]

6 Nikolaus Blome, »2G – geimpft und gelackmeiert« (Kolumne). In: *Der Spiegel*, 22. November 2021, https://www.spiegel.de/politik/deutschland/coronavirus-geimpft-und-gelackmeiert-kolumne-a-9b5aabf4-c844-4fc6-ae2e-23e48696b27d [Zugriff 30.09.2022]

7 »Die Meinung von Sarah Frühauf; MDR, zur Solidarität von Impfgegnern«, 19. November 2021, https://www.tagesschau.de/multimedia/video/video-949037.html

8 *Statista*, Reichweite der *Tagesthemen*, https://de.statista.com/statistik/daten/studie/486689/umfrage/reichweite-der-tagesthemen/ [Zugriff: 30.09.2022]

9 Martin Zeyn, »Bitte mehr Härte gegen Corona!« (Kommentar). In: *BR KulturBühne*, 10. Dezember 2021, https://www.br.de/kultur/mehr-harte-massnahmen-gegen-corona-100.html [Zugriff 23.08.2022]

10 *Wikipedia*: Sprache des Nationalsozialismus, https://de.wikipedia.org/wiki/Sprache_des_Nationalsozialismus [Zugriff 23.08.2022]

11 »Was Wolfgang Niedecken von Wladimir Putin hält« (Interview). In: *Rhein-Neckar-Zeitung*, 13. März 2022 (Update), https://www.rnz.de/kultur/magazin_artikel,-rnz-interview-was-wolfgang-niedecken-von-wladimir-putin-haelt-_arid,839014.html

12 Martin Zeyn, »Impfgegner verwirrt ohne Merkel als Feindbild« (Kommentar). In: *BR KulturBühne*, 13. Dezember 2021, https://www.br.de/kultur/nicht-mein-kanzler-hashtag-hashtag-twitter-kommentar-100.html [Zugriff 23.08.2022]

13 Andreas Läsker, *Facebook,* 18. Dezember 2021, https://www.facebook.com/andreas.laesker/posts/pfbid0q2FBFxSBskrW15dVA3sS4Hz1Wh2akxoxECT7rGP2FSyXxyvQCoynVkFBASkSUsuVl [Zugriff 26.08.2022]

14 Jürgen Klöckner, »Wer sich nicht an eine Impfpflicht hält, darf nicht mit einer Geldstrafe davonkommen« (Kommentar). In: *Handelsblatt,* 13. Januar 2022, https://www.handelsblatt.com/meinung/kommentare/kommentar-wer-sich-nicht-an-eine-impfpflicht-haelt-darf-nicht-mit-einer-geldstrafe-davonkommen/27969054.html [Zugriff 26.08.2022]

15 In: Apothekenmagazin *Mylife,* Ausgabe 3/22, 1. März 2022, zitiert nach: https://ich-habe-mitgemacht.de/index.php?option=com_content&view=article&id=464:man-kann-die-nichtgeimpften-zwar-nicht-abfuehren-oder-zwangsimpfen&catid=9&Itemid=258 [Zugriff 23.08.2022]

16 Sebastian Gubernator, Leonhard Landes, Jette Moche, »Für Ungeimpfte könnte unter Umständen das Arbeitslosengeld wegfallen«. In: *Welt,* 30. Januar 2022, https://www.welt.de/politik/deutschland/article236568843/Fuer-Ungeimpfte-koennte-das-Arbeitslosengeld-wegfallen.html [Zugriff 23.08.2022]

17 Christian Vooren, »Die Gesellschaft muss sich spalten!« (Kolumne). In: *ZEIT Online,* 19. November 2021, https://www.zeit.de/gesellschaft/zeitgeschehen/2021-11/corona-pandemie-querdenker-impfgegner-gesellschaft-spaltung-5v8

18 »Kretschmann über Klima und Pandemie: ›Eigensinn in die Schranken weisen‹« (Interview, geführt von Benno Stieber, Peter Unfried). In: *taz,* 27. Dezember 2021, https://taz.de/Kretschmann-ueber-Klima-und-Pandemie/!5817676/ [Zugriff 26.08.2022]

19 Jan Georg Plavec, »Palmer fordert Impfpflicht ab Mitte Januar«. In: *Stuttgarter Zeitung,* 21. Dezember 2021, https://www.stuttgarter-zeitung.de/inhalt.tuebinger-ob-zu-omikron-palmer-fordert-impfpflicht-ab-mitte-januar.ce206824-29b5-4709-bd85-71d1360f0fd4.html [Zugriff 26.08.2022]

20 »Corona-Demonstranten ›haben Schuss nicht gehört‹« (Interview). In: *n-tv,* 7. Dezember 2021, https://www.n-tv.de/panorama/Corona-Demonstranten-haben-Schuss-nicht-gehoert-article22982688.html

21 »Montgomery: ›Tyrannei der Ungeimpften‹ - Ärztepräsident bei Anne Will«. In: Polit-Talk *Anne Will,* 8. November 2021, zitiert nach *YouTube*-Kanal *tagesschau,* https://www.youtube.com/watch?v=I6lHPt64OOE [Zugriff 04.09.2022]

22 »Politik wieder im Alarmzustand - kommt der Lockdown für Ungeimpfte?«. In: *maybrit illner,* Polit-Talk im ZDF, 18. November 2021, https://www.zdf.de/politik/maybrit-illner/corona-politik-wieder-im-alarmzustand-kommt-der-lockdown-fuer-ungeimpfte-maybrit-illner-vom-18-november-2021-100.html [Zugriff 04.09.2022]

23 »Wutrede von RKI-Chef Wieler. ›Wir waren noch nie so beunruhigt‹«. In: *tagesschau*, 18. November 2021, https://www.tagesschau.de/inland/wieler-rki-coronavirus-lage-101.html

24 Viola Kiel, »Nur keine Eile, nach zweieinhalb Jahren« (Kommentar). In: *Der Spiegel*, 1. Juli 2022, Corona - Bewertung der Schutzmaßnahmen: Warum der Sachverständigenausschuss scheitern musste - *DER SPIEGEL*

25 Julian Rabe, »Bovenschulte schießt gegen Impfgegner«. In: *Bild*, 9. Dezember 2021, https://www.bild.de/regional/bremen/bremen-aktuell/voellig-verantwortungslos-bovenschulte-schiesst-gegen-impfgegner-78496898.bild.html

26 Zitiert nach: »Drogerie-Chef Rossmann fordert allgemeine Impfpflicht«. In: *Nau.ch*, 26. November 2021, https://www.nau.ch/news/wirtschaft/drogerie-chef-rossmann-fordert-allgemeine-impfpflicht-66053257 [Zugriff 23.08.2022]

27 »Laumann: ›Impfen, testen oder zum Einsiedler werden‹«. In: *RTL online*, 11. August 2021, https://www.rtl.de/cms/corona-tests-ab-oktober-kostenpflichtig-diese-vorteile-haben-geimpfte-im-herbst-4811385.html [Zugriff 23.08.2022]

28 Zitiert nach: https://ich-habe-mitgemacht.de/index.php?option=com_content&view=article&id=1393:ungeimpfte-besucher-innen-erhalten-keinen-zutritt&catid=9&Itemid=235 [Zugriff 27.08.2022]

29 In: *YAHOO FINANZEN online*, 10. November 2021, https://de.finance.yahoo.com/nachrichten/impfstoffe-sicher-kik-chef-fordert-130336094.html

30 *Facebook*-Seite der Stadt Bad Nauheim, 21. Januar 2022, https://www.facebook.com/search/posts?q=heute%20abend%20leuchtet%20bad%20nauheim%20nicht%20so%20bunt%20und%20hell%2C%20wie%20ihr%20es%20gewohnt%20seid.%20

31 »OVG bestätigt Maskenpflicht beim Joggen«. In: *Legal Tribune Online*, 1. April 2021, https://www.lto.de/recht/nachrichten/n/ovg-hamburg-5bs54-21-maskenpflicht-jogger-alster-elbe-jenischpark-verhaeltnismaessig/#:~:text=Sport%20in%20Hamburg%20OVG%20best%C3%A4tigt%20Maskenpflicht%20beim%20Joggen&text=Das%20Oberverwaltungsgericht%20(OVG)%20Hamburg%20hat,Elbe%20und%20im%20Jenischpark%20best%C3%A4tigt

32 Ralf Keinath, »Aerosol-Experte nimmt Maskenpflicht am Rheinufer auseinander«. In: *Merkurist*, 17. März 2021, https://merkurist.de/mainz/dr-gerhard-scheuch-aerosol-experte-nimmt-maskenpflicht-am-rheinufer-auseinander_OWN [Zugriff 23.08.2022]

33 Lydia Rosenfelder, »Söder will Impfpflicht für Kinder ab 12«. In: *Bild*, 2. Dezember 2021, https://www.bild.de/politik/2021/politik/neuer-corona-hammer-aus-bayern-soeder-will-kinder-zur-impfung-zwingen-78419284.bild.html [Zugriff 27.08.2022]

34 Antje Tillmanns Antwort auf die Frage »Nahezu alle Corona-Toten hatten Vorerkrankungen. Warum kümmert man sich nicht um diese Risikogruppen, anstelle die Gesunden mit Impfpflichtdebatten zu überziehen?«. In: *abgeordnetenwatch.de*, 13. Januar 2022, https://www.abgeordnetenwatch.de/profile/antje-tillmann/fragen-antworten/nahezu-alle-corona-toten-hatten-vorerkrankungen-warum-kuemmert-man-sich-nicht-um-diese-risikoruppen-anstelle [Zugriff 27.08.2022]

35 Matthias Schwarzer, »Nena unkritisch abfeiern? Ganz schlechte Idee« (Kommentar). In: *RedaktionsNetzwerk Deutschland*, 24. Juli 2022, https://www.rnd.de/promis/nena-beim-schlagercomeback-im-mdr-unkritisch-abfeiern-ganz-schlechte-idee-BZVKO56VFJDIHIGZZG4POCD5DE.html [Zugriff 27.08.2022]

36 Christine Memminger, »›Null Verständnis‹: Breitner kritisiert Kimmich in Impfdebatte«. In: *BR24*, 31. Oktober 2021, https://www.br.de/nachrichten/bayern/null-verstaendnis-breitner-kritisiert-kimmich-in-impfdebatte,SnQEBDh [Zugriff 24.08.2022]

37 Werner Heise, »Coronaimpfung: Virologin Brinkmann will Joshua Kimmich die Hand halten«. In: *regionalHeute.de*, 26. Oktober 2021, https://regionalheute.de/coronaimpfung-virologin-brinkmann-will-joshua-kimmich-die-hand-halten-braunschweig-gifhorn-goslar-harz-helmstedt-peine-salzgitter-wolfenbuettel-wolfsburg-1635261153/ [Zugriff 27.08.2022]

38 Rede des Niedersächsischen Ministerpräsidenten Stephan Weil anlässlich der Sondersitzung des Bundesrates zur Änderung des Infektionsschutzgesetzes am 19. November 2021, file:///C:/Users/marcu/Downloads/20211119_Rede_MP-Weil_Bundesrat-zum-Infektionsschutzgesetz.pdf [Zugriff 27.08.2022]

39 Georg Anastasiadis, »Spahn warnt vor Inzidenz 800. Die Pandemie der Ungeimpften«. In: *OVB Media (Interne Zeitung)*, 23. Juli 2021. Zitiert nach: https://ich-habe-mitgemacht.de/index.php?option=com_content&view=article&id=1363:das-ist-keine-apartheid-sondern-der-legitime-versuch-des-staates-der-mehrheit-ein-halbwegs-normales-leben-zu-ermoeglichen-und-sich-selbst-vor-einer-ueberforderung-durch-die-minderheit-zu-schuetzen&catid=9&Itemid=235 [Zugriff 27.08.2022]

40 In: *medi-bayreuth.de*, 13. August 2021, https://www.medi-bayreuth.de/news/detailansicht/lass-dich-impfen-triathletin-anne-haug-und-medi-machen-sich-stark-im-kampf-gegen-corona [Zugriff 27.08.2022]

41 Zitiert nach: »FDP-Politiker: Gegner der Corona-Impfung sind ›gefährliche Sozialschädlinge‹«. In: *Report 24*, 6. August 2021, https://report24.news/fdp-politiker-gegner-der-corona-impfung-sind-gefaehrliche-sozialschaedlinge/ [Zugriff: 02.10.2022]]

42 Dana Guth, Niedersächsischer Landtag – 18. Wahlperiode, Drucksache 18/10029. Kleine Anfrage, https://www.landtag-niedersachsen.de/drucksachen/drucksachen_18_12500/10001-10500/18-10029.pdf [Zugriff: 30.09.2022]

43 *Galeria Karstadt Kaufhof GmbH,* Kaufhaus Karlsruhe, 14. Februar 2022. Zitiert nach: https://ich-habe-mitgemacht.de/index.php?option=com_content&view=article&id=1352:geht-impfen&catid=9&Itemid=235 [Zugriff 27.08.2022]

44 Josef Ametsbichler, »Corona-Welle der Ungeimpften: Wir haben es satt!« (Meinungsbeitrag). In: *Merkur.de,* 6. November 2021, https://www.merkur.de/lokales/ebersberg/ebersberg-ort28611/corona-welle-ungeimpften-wir-haben-es-satt-91095305.html [Zugriff 27.08.2022]

45 Noemi Trompeter, »Immun gegen Fakten. Organisierte Impfgegnerschaft als Demokratiegefährdung«. In: *amadeu-antonio-stiftung.de,* 20. Januar 2022, https://www.amadeu-antonio-stiftung.de/immun-gegen-fakten-organisierte-impfgegnerschaft-als-demokratiegefaehrdung-80365/ [Zugriff 27.08.2022]

46 https://twitter.com/karl_lauterbach/status/1426323236019650564 [Zugriff 27.08.2022]

47 »Opernstar Garanča: ›Ungeimpfte gehören ausgeschlossen‹«. In: *heute.at,* 5. November 2021, https://www.heute.at/s/opernstar-garana-ungeimpfte-gehoeren-ausgeschlossen-100172097 [Zugriff 27.08.2022]

48 »Innenminister Seehofer erwartet Einschränkungen für Nicht-Geimpfte«. In: *Welt,* 26. Juli 2021, https://www.welt.de/politik/deutschland/article232736209/Corona-Auch-Seehofer-erwartet-Einschraenkungen-fuer-Nicht-Geimpfte.html [Zugriff 27.08.2022]

49 »Doc Caro aus Duisburg platzt wegen IHNEN der Kragen: ›Macht mich richtig wütend‹«. In: *DerWesten.de,* 23. Dezember 2021 https://www.derwesten.de/staedte/duisburg/doc-caro-duisburg-carola-holzner-impfung-corona-impfpflicht-aerztin-id234160575.html [Zugriff 27.08.2022]

50 Axel Richter, »Das geht uns alle an« (Standpunkt). In: *Remscheider General Anzeiger,* 6. August 2021, zitiert nach: https://ich-habe-mitgemacht.de/index.php?option=com_content&view=article&id=1324-wer-die-impfung-verweigert-handelt-deshalb-unsolidarisch&catid=9&Itemid=235

51 »Ein Jahr nach Impf-EmpfehlungImpfstoff-RNA in Muttermilch – was Mütter jetzt wissen müssen«. In: *FOCUS online,* 27. September 2022, https://www.focus.de/gesundheit/impfstoff-rna-in-muttermilch-nachgewiesen-was-das-fuer-muetter-bedeutet_id_154659625.html [Zugriff: 27.09.2022]

52 »Erklärung: WIR zeigen Gesicht für Offenheit, Respekt und Solidarität«. In: *mkk.de* (Website des Main-Kinzig-Kreises), 12. Januar 2022, https://www.mkk.de/aktuelles/themen_1/erklerung_offenheit/erklaerung.html [Zugriff 27.08.2022]

53 »Kraftklub-Frontmann Felix Kummer über Corona-Politik: ›Habe manchmal Wutbürger-Gedanken!‹« In: *tag24.de*, 2. April 2021, https://www.tag24.de/chemnitz/kraftklub-frontmann-felix-kummer-ueber-corona-politik-habe-manchmal-wutbuerger-gedanken-1900613 [Zugriff 27.08.2022]

54 Björn Strauss, »›Durchgeknallte Schwurbel-Menschen und CovidiotInnen‹: Kachelmann macht sich Luft!« In: *tag24.de*, 25. Juni 2022, https://www.tag24.de/unterhaltung/tv/darueber-freut-sich-joerg-kachelmann-wenn-er-nicht-mehr-moderiert-besonders-2516767 [Zugriff 27.08.2022]

55 In: Social Intranet der *Daimler AG*, 21. Juni 2021, zitiert nach: https://ich-habe-mitgemacht.de/index.php?option=com_content&view=article&id=1298:impfen-ist-ein-statement-fuer-vernunft-solidaritaet-und-fortschritt&catid=9&Itemid=235 [Zugriff 27.08.2022]

56 »Unser Freiburg – zusammen gegen Corona. Eine Unterschriftenaktion für Vernunft, Verantwortung und Solidarität.« In: *www.unserfreiburg,de* [Zugriff 27.08.2022]

57 Anetta Kahane, »Leben schützen« (Kolumne). In: *Frankfurter Rundschau*, 1. Dezember 2021, https://www.fr.de/meinung/kolumnen/leben-schuetzen-91144371.html [Zugriff 27.08.2022]

58 »Lage eskaliert: Eklat bei Lauterbach-Demo«. In: *Berliner Zeitung*, 23. Juni 2022, https://www.berliner-zeitung.de/news/ungeimpftlage-eskaliert-eklat-bei-karl-lauterbach-demo-verdi-li.239405 [Zugriff 27.08.2022]

59 »Rostocker Mediziner zu Ungeimpften: ›Die Gesellschaft muss das regeln‹«. In: *ndr.de*, 28. Oktober 2021, https://www.ndr.de/nachrichten/mecklenburg-vorpommern/Rostocker-Mediziner-zu-Ungeimpften-Die-Gesellschaft-muss-regeln,coronavirus5814.html [Zugriff: 04.10.2022]

60 Jochen Rack, »Wissenschaft und ihre Erkenntnisse brauchen Vertrauen«. In: *Deutschlandfunk*, 27. Februar 2022, https://www.deutschlandfunk.de/erneuerte-aufklaerung-100.html [Zugriff 27.08.2022]

61 »›Spaziergänge‹ sind keine demokratische Meinungsäußerung«. In: *kurier-dachau.de*, 7. Februar 2022, https://www.kurier-dachau.de/nachrichten/landkreis/%C2%BBSpazierg%C3% A4nge%C2%AB+ sind+keine+demokratische+Meinungs%C3%A4u%C3%9Ferung,31967.html [Zugriff 27.08.2022]

62 Alexandra Kedves, »›Impfgegner sollen die Konsequenzen ihres Verhaltens direkt spüren‹«. In: *tagesanzeiger.ch*, 2. Dezember 2021, https://www.tagesanzeiger.ch/impfgegner-sollen-die-konsequenzen-ihres-verhaltens-direkt-spueren-260687929078 [Zugriff 27.08.2022]

63 Ebd.

64 Anika Bube, »Hendrik Wüst: ›Rache an Ungeimpften!‹ Politiker schockt mit Aussage zur Impfpflicht«. In: *news.de*, 26. Januar 2022, https://www.news.de/politik/856098122/hendrik-wuest-schockt-bei-anne-will-mit-aussage-zur-impfpflicht-impfpflicht-als-rache-an-den-ungeimpften-twitter-wut-gegen-politiker/1/ [Zugriff 27.08.2022]

65 Zitiert nach: https://ich-habe-mitgemacht.de/index.php?option=com_content&view=article&id=1253:regierungskritiker-isolieren&catid=9&Itemid=235 [Zugriff 27.08.2022]. Originalquelle: SR 2, Kultur Radio, 2. August 2021, https://www.sr.de/sr/sr2/themen/politik/20210802_koos_sebastian_prof_ueber_proteste_in_berlin_interview_100.html (Website nicht aufrufbar)

66 In: *linus-neumann.de,* 18. November 2021, https://linus-neumann.de/2021/11/die-sicherheit-der-impfpasse-ist-nicht-das-problem/ [Zugriff 27.08.2022]

67 Lars Brocker, »Solidarität als Staatsausgabe« (Gastbeitrag). In: *Frankfurter Allgemeine Zeitung,* 20. April 2022, https://zeitung.faz.net/faz/politik/2022-04-21/8b119942c70c0f098d2b9b17347ecf3b/?GEPC=s3 [Zugriff 27.08.2022]

68 Marcus Klöckner, »Niko Härting: ›Gesundheit ist kein Supergrundrecht‹« (Interview). In: *NachDenkSeiten,* 21. Dezember 2020, https://www.nachdenkseiten.de/?p=68202

69 Lennart Pfahler, »DGB entlässt Mitarbeiterin mit Schwerbehinderung im Streit um Corona-Impfung«. In: *Welt,* 15. April 2022, https://www.welt.de/politik/deutschland/plus238186963/Streit-um-Corona-DGB-entlaesst-Mitarbeiterin-mit-Schwerbehinderung.html [Zugriff 27.08.2022]

70 Lorena Greppo, »›Ein unsäglicher Tag für den Deutschen Bundestag‹«. In: *Backnanger Kreiszeitung,* 8. April 2022, https://www.bkz.de/nachrichten/ein-unsaeglicher-tag-fuer-den-deutschen-bundestag-137778.html [Zugriff 27.08.2022]

71 Esther Geisslinger, Sabine am Orde, »Ein riesiges Defizit der CDU« (Interview). In: *taz,* 8. April 2022, https://taz.de/Politiker-Daniel-Guenther-ueber-die-CDU/!5844734/ [Zugriff 27.08.2022]

72 Zitiert nach: *Bild-TV, Viertel nach Acht,* 7. April 2022 *(YouTube),* ab Minute 5:44, https://www.youtube.com/watch?v=naBGRS7Tynk [Zugriff 27.08.2022]

73 Timon Dzienus, *Twitter,* 7. April 2022, https://twitter.com/Dzienus/status/1512048474434547718 [Zugriff 27.08.2022]

74 Sara Sievert, »Scholz und Lauterbach haben die Impfpflicht endgültig vergeigt: Verlierer sind wir alle«. In: *FOCUS online,* 7. April 2022, https://www.focus.de/politik/so-haben-scholz-und-lauterbach-die-impfpflicht-endgueltig-vergeigt-ein-fehlerprotokoll_id_80058037.html [Zugriff 27.08.2022]

75 Zitiert nach: »Merz attackiert Ampel – ›Sie lenken davon ab, dass Sie keine eigene Mehrheit haben‹«. In: *Welt,* 7. April 2022, https://www.welt.de/politik/deutschland/article238037269/Impfpflicht-Merz-ruegt-Ampel-Lenken-davon-ab-dass-Sie-keine-eigene-Mehrheit-haben.html [Zugriff 27.08.2022]

76 »Lauterbach enttäuscht, FDP-Spitze lässt Tür für spätere Impfpflicht offen«. In: *Welt,* 7. April 2022, https://www.welt.de/politik/deutschland/article238043725/Impfpflicht-Lauterbach-enttaeuscht-FDP-Spitze-laesst-Tuer-fuer-spaetere-Pflicht-offen.html [Zugriff 27.08.2022]

77 Ulrich Reitz, »Das Ende der Corona-Regeln ist keine Freiheit, sondern eine Bedrohung« (Kolumne). In: *FOCUS online*, 7. April 2022, https://m.focus.de/politik/deutschland/angespitzt-eine-kolumne-von-ulrich-reitz-freedom-days-wegfall-der-corona-regeln-ist-keine-freiheit-sondern-eine-bedrohung_id_79777016.html [Zugriff 27.08.2022]

78 Vgl. Cornelia Mothes, *Objektivität als professionelles Abgrenzungskriterium im Journalismus: Eine dissonanztheoretische Studie zum Informationsverhalten von Journalisten und Nicht-Journalisten,* Nomos, Baden-Baden 2014

79 Zitiert nach: https://mobile.twitter.com/sarahbosetti/status/1466829037645582341?lang=ms [Zugriff:28.09.2022]

80 ZDF Satire auf *YouTube*: »Omikron - und täglich grüßt das Lockdowntier | Bosetti will reden!«, https://www.youtube.com/watch?v=atW4xwl5gjA [Zugriff: [28.09.2022]

81 http://www.tenhumbergreinhard.de: Klein Fritz Dr., http://www.tenhumbergreinhard.de/1933-1945-taeter-und-mitlaeufer/1933-1945-biografien-seite-2-keb/klein-fritz-dr.html [Zugriff: 25.09.2022]

82 »Hassrede gegen Menschen. CDU-Politiker Vaatz fordert Rücktritt der gesamten ZDF-Führung«. In: *Berliner Zeitung*, 23. Januar 2022, https://www.berliner-zeitung.de/news/cdu-politiker-vaatz-fordert-ruecktritt-der-gesamten-zdf-fuehrung-li.207700 [Zugriff: 28.09.2022]

83 Ebd.

84 Sarah Bosetti, »Die Blinddarm-Entschuldigung«, https://www.youtube.com/watch?v=d4QIFFS53Rc

85 Zitiert nach: https://ich-habe-mitgemacht.de/index.php?option=com_content&view=article&id=1416:besuche-von-stationaeren-patienten-sind-fuer-vollstaendig-geimpfte-oder-genesene-besucher-nur-nach-der-2g-plus-regelung-moeglich&catid=9&Itemid=235 [Zugriff 04.09.2022]

86 Zitiert nach: »Impfverweigerer sind Straftäter: Gesetz könnte mit hartem Zwang vorgehen«. In: *Berliner Zeitung*, 28. März 2022, https://www.berliner-zeitung.de/gesundheit-oekologie/impfverweigerer-sind-straftaeter-gesetz-koennte-mit-hartem-zwang-vorgehen-li.219277 [Zugriff 27.08.2022]

87 Tobias Schmidt, »Kinderärztepräsident an Bundestag: ›Bitte Impfpflicht beschließen!‹« In: *noz.de*, 27. März 2022, https://www.noz.de/deutschland-welt/politik/artikel/kinderaerzte-fordern-impfpflicht-fuer-alle-erwachsenen-22854834 [Zugriff 27.08.2022]

88 Heinz Gorr, »Impfpflicht scheitert - am Papiermangel« (Glosse). In: *br.de*, 22. März 2022, https://www.br.de/radio/bayern2/sendungen/radiowelt/ende-der-welt-impfpflicht-scheitert-am-papiermangel-100.html [Zugriff 27.08.2022]

89 Emilia Fester, Rede zur Impfpflicht, 17. März 2022, https://www.gruene-bundestag.de/parlament/bundestagsreden/impfpflicht-3 [Zugriff 26.08.2022}

90 Daniel Böldt, »Grünen-Abgeordnete Emilia Fester: Politik der schnellen Schnitte«. In: *taz.de*, 1. August 2022, https://taz.de/Gruenen-Abgeordnete-Emilia-Fester/!5865065/

91 Kathrin Göring-Eckhardt, Rede zur Impfpflicht, 17. März 2022, https://www.gruene-bundestag.de/parlament/bundestagsreden/impfpflicht-4 [Zugriff 27.08.2022]

92 »Untergangsprophet Lauterbach warnt: ›Ausnahmezustand wird neue Normalität‹«. In: *exxpress.at*, 15. März 2022, https://exxpress.at/untergangsprophet-lauterbach-warnt-ausnahmezustand-wird-neue-normalitaet/ [Zugriff 27.08.2022]

93 Zitiert nach: Andreas Niesmann, Inga Schönfeldt, »Industrieverband BDI fordert allgemeine Corona-Impfpflicht«. In: *rnd.de*, 15. März 2022, https://www.rnd.de/politik/allgemeine-corona-impfpflicht-industrieverband-bdi-dafuer-BAEPXUPI3ZGJXCJCQOWVHRBCUA.html [Zugriff 27.08.2022]

94 Stephanie Streif, »Geimpfte Schüler schneiden bei Wissenstest in Freiburg besser ab«. In: *Badische Zeitung*, 14. März 2022, https://www.badische-zeitung.de/geimpfte-schueler-schneiden-bei-wissenstest-in-freiburg-besser-ab--210436529.html [Zugriff 24.08.2022]

95 »Zwei deutsche Athleten wegen Impfstatus nicht bei Paralympics«. In: *sportschau.de*, 4. März 2022, https://www.sportschau.de/paralympics/dpa-zwei-deutsche-athleten-wegen-impfstatus-nicht-dabei-story100.html

96 »Querdenker, Esoteriker, Spaziergänger: Der Mob geht weiter«. In: *extra 3*, NDR, 3. März 2022. Zitiert nach: https://www.youtube.com/watch?v=_KYs-G3bFt4 [Zugriff 26.08.2022]

97 Petra Bühring, »Ungeimpfte Psychotherapeuten: Die Konsequenzen tragen« (Editorial). In: *aerzteblatt.de*, 21. Februar 2022, https://www.aerzteblatt.de/archiv/223124/Ungeimpfte-Psychotherapeuten-Die-Konsequenzen-tragen[Zugriff 27.08.2022]

98 Plakat der *Diakonie* in der Simon-Meister-Straße in Köln-Nippes, Foto, 19. Februar 2022. Zitiert nach: https://ich-habe-mitgemacht.de/index.php?option=com_content&view=article&id=346:danke-ihr-geimpften-diakonie&catid=9&Itemid=258 [Zugriff 27.08.2022]

99 *Caritasverband Düsseldorf*, »Wir zeigen Querdenkern die rote Karte«. In: *caritas-duesseldorf.de*, ohne Datum, https://www.caritas-duesseldorf.de/aktuelles/Wir-zeigen-Querdenkern-die-rote-Karte [Zugriff 27.08.2022]

100 Zitiert nach: www.songtexte.com

101 Katja Thorwarth, »›Freedom Day‹: Seit wann verstehen ›Querdenker:innen‹ etwas von Freiheit?« In: *Frankfurter Rundschau*, 17. Februar 2022, https://www.fr.de/meinung/kolumnen/corona-freiheit-querdenker-massnahmen-coronavirus-impfung-antisemitismus-bild-springer-freedom-day-91352875.html [Zugriff 27.08.2022]

102 »Lebenshilfe: Allgemeine Impfpflicht bedeutet Teilhabe!«. In: *lebenshilfe.de*, 16. Februar 2022, https://www.lebenshilfe.de/presse/pressemeldung/lebenshilfe-allgemeine-impfpflicht-bedeutet-teilhabe [Zugriff 27.08.2022]

103 »ver.di unterstützt bezirkliche Demos gegen ›Montagsspaziergänge‹«. In: Website von *ver.di* Landesbezirk Berlin-Brandenburg, 4. Februar 2022, https://bb.verdi.de/presse/pressemitteilungen/++co++ff6ac8da-8597-11ec-aab9-001a4a160100 [Zugriff 27.08.2022]

104 »Gespräch zu ›Hass und Gewalt in Zeiten der Pandemie – Erfahrungen und Reaktionen‹« (Rede des Bundespräsidenten in Schloss Bellevue). In: *bundespraesident.de*, 24. Februar 2022, https://www.bundespraesident.de/SharedDocs/Reden/DE/Frank-Walter-Steinmeier/Reden/2022/01/220124-Hass-Gewalt-Pandemie.html [Zugriff 26.08.2022]

105 Zitiert nach: *tagesschau*, 19. Januar 2022, https://www.tagesschau.de/multimedia/sendung/ts-46805.html [Zugriff 26.08.2022]

106 RND/dpa, »Steinmeier: Radikale Corona-Leugner wollen ›vergifteten Stachel in unsere Demokratie‹ treiben«. In: *rnd.de*, 19. Januar 2022, https://www.rnd.de/politik/frank-walter-steinmeier-corona-leugner-instrumentalisieren-proteste-fuer-ihre-zwecke-DGMCTL52HJSCT26YS3I5PRKXLQ.html [Zugriff 26.08.2022]

107 Benedict Neff, Lucien Scherrer, Kanzem, »Günther Jauch: ›Mir fehlt jedes Verständnis für Leute, die sich nicht impfen lassen wollen‹« (Interview). In: *Neue Zürcher Zeitung*, 17. Januar 2022, https://archive.ph/4YXDq#selection-813.281-813.649 [Zugriff 26.08.2022]

108 Markus Pacher, »Impfverweigerung: Liedertafel trennt sich von ihrem Dirigenten«. In: *Die Rheinpfalz*, 14. Januar 2022, https://www.rheinpfalz.de/lokal/neustadt_artikel,-impfverweigerung-liedertafel-trennt-sich-von-ihrem-dirigenten-_arid,5302969.html?reduced=true [Zugriff 26.08.2022]

109 Viktoria Thissen, »Mariele Millowitsch: frustrierendes Erlebnis am Set«. In: *goldenekamera.de*, 31. Januar 2022, https://www.goldenekamera.de/news/article234448117/Mariele-Millowitsch-frustrierendes-Erlebnis-am-Set.html

110 »Corona-Impfpflicht: Tübinger Oberbürgermeister Palmer schlägt 5.000 Euro Bußgeld vor«. In: *SWR aktuell*, 13. Januar 2022, https://www.swr.de/swraktuell/baden-wuerttemberg/tuebingen/tuebinger-oberbuergermeister-boris-palmer-impfpflicht-ab-60-bussgeld-5000-euro-100.html

111 »Smudo verteidigt Luca-App gegen Kritiker«. In: *n-tv.de*, 11. Januar 2022, https://www.n-tv.de/panorama/Smudo-verteidigt-Luca-App-gegen-Kritiker-article23049337.html [Zugriff 26.08.2022]

112 »Geld und mehr. Ein Blog von Norbert Häring«, https://norberthaering.de/tag/digitale-id/ [Zugriff 26.08.2022]

113 Zitiert nach: Moritz Eichhorn, »Luca-CEO: ›Wir wollen Impf- und Personalausweis zusammenführen‹«. In: *Berliner Zeitung*, 7. Januar 2022, https://www.berliner-zeitung.de/wochenende/luca-ceo-wir-wollen-impf-und-personalausweis-zusammenfuehren-li.204737?pid=true [Zugriff 26.08.2022]

114 Patrick Kunkel, Tweet auf *Twitter*, 4. Januar 2022, https://mobile.twitter.com/Patrick_Kunkel/status/1478460075559858176 [Zugriff 26.08.2022]

115 »OB Würzner: Ohne Corona-Impfpflicht verlängert sich Leid«. In: *ZEIT Online* (Quelle: dpa Baden-Württemberg), 27. Dezember 2021, https://www.zeit.de/news/2021-12/27/ob-wuerzner-ohne-corona-impfpflicht-verlaengert-sich-leid [Zugriff 23.08.2022]

116 Mark Schieritz, »Corona-Impfpflicht: Frei und immun«. In: *ZEIT.de*, 29. Juli 2021, https://www.zeit.de/2021/31/corona-impfpflicht-ungeimpfte-impfverweigerer-freiheit-einschraenkungen [Zugriff: 27.09.2022]

117 Karl Lauterbach, Tweet auf *Twitter*, 22. Dezember 2021, https://twitter.com/karl_lauterbach/status/1473446777206411266 [Zugriff 26.08.2022]

118 Zitiert nach: https://twitter.com/ingmarstadelman/status/1460984444995747846 [Zugriff: 29.09.2022]

119 Christian Teevs, »Zehn Minuten Attacke, 80 Minuten Abwickeln«. In: *Spiegel.de*, 15. Dezember 2021, https://www.spiegel.de/politik/deutschland/olaf-scholz-im-bundestag-zehn-minuten-attacke-80-minuten-abwickeln-erste-regierungserklaerung-a-2bc8f3b2-906b-497a-a221-363024d110e3 [Zugriff 26.08.2022]

120 Stefan Locke, »Aasgeier der Pandemie«. In: *FAZ.net*, 14. Dezember 2021, https://www.faz.net/aktuell/politik/inland/kretschmann-rechtsextreme-sind-die-aasgeier-der-pandemie-17683988.html [Zugriff 26.08.2022]

121 »Scholz: ›Es darf keine roten Linien geben‹«. In: *ZDF heute online, zdf.de* (Quelle: dpa, AFP), 12.Dezember 2021, https://www.zdf.de/nachrichten/politik/corona-scholz-pandemie-ungeimpfte-100.html [Zugriff 26.08.2022]

122 Eva Quadbeck, »Sein Krieg, sein Gas, seine Trolle«. In: *Hildesheimer Allgemeine Zeitung*, 27. Juli 2022, zitiert nach: https://ich-habe-mitgemacht.de/index.php?option=com_content&view=article&id=1412:auch-querdenker-spaziergaenger-und-andere-staatsfeinde-haben-energiekrise-und-inflation-inzwischen-als-neues-betaetigungsfeld-fuer-sich-entdeckt&catid=9&Itemid=235 [Zugriff 23.08.2022]

123 Hanning Voigts, *Twitter*-Eintrag, 2. Juli 2022, https://twitter.com/hanvoi/status/1543126347031236610 [Zugriff 24.08.2022]

DAS LETZTE WORT

TOM-OLIVER REGENAUER

»Wer den Gedanken nicht angreifen kann, greift den Denkenden an«[1], so Paul Valéry, der 1945 verstorbene Poet und Philosoph. Eine vom Horror seiner Zeit aufgeladene Warnung an jene, die heute den Standpunkt vertreten, dass Krieg erst dann beginnt, wenn Bomben fallen, dass Faschismus sich erst dadurch manifestiert, dass Menschen in Lager gepfercht und eliminiert werden. Dass Nuklearkrieg führbar sei. Dem ist nicht so – denn es beginnt immer mit der Sprache. Sie fungiert als soziales Frühwarnsystem und macht deutlich, dass es bei der Diskriminierung Ungeimpfter um weit mehr ging als falsch verstandene Loyalität.

Auch handelt es sich bei der Etablierung eines totalitären Herrschaftskonstrukts nicht um einen Konflikt diametral gegensätzlicher Wertekataloge oder unterschiedlicher politischer Ideologien – es geht nicht um links und rechts, sondern um oben und unten. Um Macht sowie die Sicherung von Stand und Status einer überschaubaren Anzahl von Krisenkapitalisten[2], Bankenkartellen[3], internationalen Konzernen, dem militärisch-industriellen Komplex, Big Tech und einer unüberschaubaren Armada supranationaler NGOs[4]. Für sie war die mutwillig dramatisierte Gesundheitskrise eine »historische Gelegenheit«[5]. Ein Steigbügelhalter für die alternativlose Rekalibrierung der Weltwirtschaft. Während der Rest der Menschheit sich inmitten einer Katastrophe biblischer Ausmaße zu wähnen[6] angehalten war.

Diese argumentative Position verband Marcus Klöckner und mich bei einem Gespräch, das wir kurz vor Abschluss des vorliegenden Buchprojektes zum Thema »Cancel Culture« führten. Denn man kommt nach zweieinhalb Jahren permanenter Propaganda schlichtweg nicht mehr umhin, das Kind beim Namen zu nennen. Man muss die moralisch-ethischen Dammbrüche, die Entwertung von Sprache, Logik und Kohärenz sowie die Unterdrückung unliebsamer Meinungen als das bezeichnen, was sie repräsentieren: das Korrelat zu düsteren Zeiten vor dem »Nürnberger Kodex« – den Faschismus.

Und der benötigt – entgegen landläufigen Ansichten –, kein Parteibuch. Hitler war genau so ein verblendeter Despot wie Mao. Mussolini nicht besser als Kim Jong-un. Schlussendlich stehen all die Herrschaftsmodelle für ein und dasselbe: Tyrannei. Sie frisst sich durch Echokammern und Angsträume wie ein wuchernder Tumor. Kontaminiert systematisch kupierte Debattenräume wie ein Virus. Der Transmitter ist das Wort. Und das betrübliche Resultat fortschreitender Erkrankung ist die Erosion der sozioökonomischen Strukturen, des zivilgesellschaftlichen Zusammenhaltes, der eine basisdemokratisch-wehrhafte Demokratie gegen die Ermächtigung totalitärer Kräfte wappnen sollte.

Doch wie das vorliegende Werk belegt, haben die medialen Spaltpilze ihre Wirkung nicht verfehlt. Das ohrenbetäubende Schweigen von Justitia und Vierter Gewalt seit März 2020 offenbarte, dass wir es nicht mehr nur mit einer inkompetenten Administration und der üblichen Korruption[7] à la Olaf Scholz zu tun haben – au contraire –, sondern mit mutwilliger Übergriffigkeit sowie dem Duktus und Rechtsverständnis eines Ancient Régime.

Wir vernehmen den Schlussakkord des Kasino-Kapitalismus im Postfaktum des Medienzeitalters. Begleitet von konformistischer Kunst und intellektuellem Inzest, bewirbt er das Resultat seiner sozialdarwinistischen Metamorphose hin zum vollendeten Korporatismus. Eine Regierungsform, die schon Benito Mussolini als »die perfekte Verbindung der Macht von Staat und Konzernen« lobte. Es sind oktroyierte Transformationsprozesse in Richtung Technokratie[8] nach chinesischer Couleur. Das verbindende Element von Corona-Krise, postulierter Klima-Apokalypse, Ukraine-Krieg und dem durch die hausgemachte Wirtschaftskrise heraufziehenden »Wutwinter« in Dunkeldeutschland? Bei jedem der vorgängig genannten Themenkomplexe kommen die gleichen Kommunikationswerkzeuge zum Einsatz. Inspiriert von Edward Bernays, dem Pionier moderner Propaganda[9] und Massenindoktrination. Es sind die Mittel und Methoden eines im temporär-dauerhaften Ausnahmezustand operierenden Staatsapparates, der keinen Gedanken daran verschwendet, einmal gewonnene Machtfülle wieder zu reduzieren. Dass Freiheit nur erkämpft, aber nie gewährt wird, sollte uns die Geschichte gelehrt haben.

Den Gemeinwohlgedanken haben Spitzenpolitiker zugunsten einer multipolaren Global Governance[10] der »Öffentlich-privaten Partnerschaften«, einer neuen Gesellschaftsordnung, ad acta gelegt. Instrumentalisierte Katastrophen bereiten einem als »Vierte Industrielle Revolution«[11] verklärten Neofeudalismus die Bühne. Die Freiheit stirbt dieser Tage eben nicht mehr nur »zentimeterweise«, wie Guido Westerwelle es bei seiner Abschiedsrede als FDP-Vorsitzender am 13. Mai 2011 in Rostock formulierte. Und auch die roten Linien haben wir semantisch bereits alle hinter uns gelassen.

»Wenn das Denken die Sprache korrumpiert, dann korrumpiert die Sprache auch das Denken«, warnte George Orwell, der Autor von *1984*. Nicht umsonst ist ein Kernelement seiner Dystopie vom omnipräsenten Überwachungsstaat die Durchsetzung des »Neusprech«. Also einer pervertierten, entwerteten, inhaltslosen Kommunikationsform, die sich in der Doppelmoral der hier gesammelten Zitate widerspiegelt. »Neusprech« dient als Hebel zur Kontrolle von Gedanken, Emotionen und Handlungsmustern der zusehends isolierten wie sedierten Massen. Denn das Einzige, was Menschen erlaubt, tiefe, persönliche Verbindungen aufzubauen, über weite Distanzen hinweg effektiv zu kommunizieren und konstruktiv zu diskutieren, ist eine gemeinsame sprachliche Ebene.

Dass genau jene Institutionen dieses wichtigste, verbindende Element einer freiheitlich organisierten Gesellschaft mit ihren Umdeutungen malträtiert haben, die gemäß Pressekodex, Amtsgelübde oder hippokratischem Eid angehalten sind, es zu schützen, ist eine veritable Schande. Ob der Geschichtsvergessenheit, die sich in den zusammengetragenen Zitaten ausdrückt, muss man schlichtweg anerkennen, dass das »New Normal« nichts mehr mit tradiertem Demokratieverständnis, unabhängiger Willensbildung, Partizipation oder der »Autonomie des souveränen Individuums«[12] zu tun hat. Denn die Sprache ist stets Ausdruck ihrer Zeit. Und selten war ihr Tenor totalitärer konnotiert als in den vergangenen 30 Monaten.

Angesichts dieser Umstände fordern sich Freiheitsdrang und Aktionismus fruchtlos heraus, wenn supranationalem, technokratischem Korporatismus mit Mitteln repräsentativer Demokratie auf nationaler Ebene Einhalt geboten werden soll. Wenn diesem nicht mehr durch das simple Überqueren einer Landesgrenze zu entkommen ist, die Freiheit nicht mehr einfach hinter einer Mauer im Westen wartet. »Die Zukunft soll man nicht voraussehen wollen, sondern möglich machen«, forderte Antoine de Saint-Exupéry. Genau das ist die Aufgabe jedes Einzelnen – und vor allem jener, die das schärfste Schwert der Aufklärung zu führen wissen –, das geschriebene Wort. Die »Zeitenwende« erfordert ein Aufbegehren der Vernunft. Eine Renaissance der Courage. Und die – unter Umständen – letzte Revolution des freien Geistes.

Tom-Oliver Regenauer war nach betriebswirtschaftlicher Ausbildung in verschiedenen Branchen tätig, unter anderem als Betriebsleiter, Unternehmens- und Managementberater sowie Projektmanager mit Einsätzen in über 20 Ländern. Seit Mitte der 90er Jahre ist er zudem als Musikproduzent und Texter aktiv und betreibt ein unabhängiges Plattenlabel. Der in Deutschland geborene Autor lebt seit 2009 in der Schweiz. Zuletzt erschien von ihm *Der Elefant im Raum*.

1 https://www.nur-zitate.com/zitat/3103

2 https://archive.org/details/carrollquigley_angloamericanestablishment

3 https://archive.org/details/wall-street-and-the-rise-of-hitler-by-antony-sutton

4 https://www.regenauer.press/die-trojanische-herde

5 https://norberthaering.de/buchtipps/rezension-covid-19-the-great-reset-klaus-schwab/

6 https://www.abgeordnetenwatch.de/sites/default/files/media/documents/2020-04/bmi-corona-strategiepapier.pdf

7 https://www.cicero.de/innenpolitik/das-system-scholz-leichen-pflastern-seinen-weg

8 https://www.regenauer.press/ideologie-der-zeitenwende

9 https://archive.org/details/BernaysPropaganda/mode/2up

10 https://iaindavis.com/wp-content/uploads/2022/03/G3P-Chart.png

11 https://archive.org/details/the-fourth-industrial-revolution-schwab-2016

12 https://archive.org/details/genealogyofmoral00nietuoft

FLO OSRAINIK
DAS CORONA DOSSIER
UNTER FALSCHER FLAGGE GEGEN FREIHEIT, MENSCHENRECHTE UND DEMOKRATIE
RUBIKON
SPIEGEL Bestseller